知のトレッキング叢書

人生の超難問Q&A

ひろさちや

集英社インターナショナル

人生の超難問Q&A

はじめに

だいたいにおいて、昔の大阪人は〝馬鹿〟といった語を、他人を罵倒するときに使いました。それに対して〝阿呆〟のほうは、どこか人をやさしく包容するところがあります。

「あんさん、阿呆やなあ……」

と妻が夫に言うとき、言外に、「あんたは阿呆やけど、ええ人や……」といったニュアンスがあります。

それに対して東京人は、〝阿呆〟という語を嫌うようです。わたしは大阪に生まれて十八歳まで大阪に育ち、以後、東京に出て来てずっと東京に住んでいます。しかし、根は大阪人だと自覚しています。だから、〝阿呆〟といった言葉が好きなんですが、妻は根っからの東京人で、それ故、〝阿呆〟に対しては少しく拒絶反応があり、むしろ〝馬鹿〟のほうがよいようです。もっとも、二人とも八十に近い老人だから、最近の若い大阪人と東京人が〝阿呆〟と〝馬鹿〟をどのように理解しているか、たぶんわれわれとは違っているかもしれません。

そこで、わたしなりの〝阿呆〟と〝馬鹿〟の使い分けを考えました。

馬鹿は、生活上の諸問題や悩みに直面し、それを解決しようとして努力し、結局は失敗する人です。反対に、うまく解決できた人が賢い人になります。

それに対して阿呆のほうは、自分には問題や悩みを解決する能力のないことをよく知っていて、

〈まあ、なるようにしかならない〉

とあきらめて、毎日を楽しく過ごそうとする人です。

たとえば、あなたが貧乏だとします。その貧乏を克服して金持ちになるために、どこかから三百万円を借りて宝くじを買うならば、あなたは馬鹿です。

しかし、あなたが貧乏を気にせず、毎日をのんびり、ゆったり、ほどほどに楽しく過ごすことができれば、あなたは阿呆です。

わが子が引きこもりになった。人はたいてい、なんとかしてわが子の引きこもりをやめさせようとあれこれ算段します。それでうまくいけば、その人は賢い人です。でも、その結果、子どもが自殺することもあります。そうすると、その人は馬鹿です。

阿呆は、どうするでしょうか？　わが子が不登校を始めたその最初の日に、

「なんや、学校に行きたくないのか!?　ほんなら、今日は一緒に魚釣りに行こう」

と、父親も会社を休んで子どもに付き合う。そして、翌日は、「おまえは一人でどこかに遊びに行きなさい」と子どもの自由にさせる。それが阿呆のすることです。

わたしは、馬鹿と阿呆をそのように区別しています。

で、わたしは、阿呆のすすめをしたいのですが、考えてみたら、そう簡単に阿呆になることはできませんよね。阿呆は、問題や悩みを解決しようとせず、のんびり、ゆったりと人生を生きようとします。そのためには、問題や悩みは解決しないでいいんだ、あるいは問題や悩みは所詮、解決できないものだ——と達観できるだけの強靭な精神力を必要とします。馬鹿はいいですよ。馬鹿は世間の常識に従って（あるいは踊らされて）生活していればいいのですから。しかし、阿呆になるためには、その世間の常識を笑い飛ばすことのできる哲学・思想を必要とします。では、どうすれば、その哲学・思想が得られるでしょうか……？

世間の常識を笑い飛ばすのだから、世間的な権威に頼るのは不可能です。ナニナニ博士やナントカ賞受賞者といった権威でもって、世間の常識そのものを否定することはできません。テレビによく出演する人の言うことだから、それが正しいとはなりません。そんなことをすれば、顔についた汚れを落とすために、墨汁でもって顔を洗うようなものです。

世間の常識を笑い飛ばすには、わたしは、宗教によるほかないと思います。わたしの場合は、宗教といっても仏教が中心になりますが、仏教は基本的には出世間的です。世間を否定し、馬鹿にしたところに、仏教の教えがあります。わたしは仏教の教えでもって、このうさん臭い世の中を嘲笑し、わたし自身が阿呆になって、わたしの人生を生きようと考えています。そして、その阿呆のすすめを多くの人々に共感してほしいと願って、この本をつくりました。

集英社インターナショナルの編集者がわたしの仕事場に来たのは二〇一五年十一月でした。『答えのない問いに答える』といったタイトル案で、人類の永遠の疑問・難問に答えてほしいと、執筆を依頼されました。わたしは、

「それじゃあ、その難問とらやを二十七つくってください。それに真剣勝負で正面から答えますから」

と、執筆を引き受けました。

わたしは、普段は自分の頭の中で自問自答のかたちで執筆します。しかし、たまには編集者から真剣勝負を挑まれたかたちで執筆するのもおもしろそうだ……と考えて、編集者に「難問」をつくってもらいました。だから、「この質問は答えにくいから、別の質問に変えてください」と、逃げることはしていません。先方の質問に合わせて、真正面から答えています。

さて、この真剣勝負、編集部の勝ちでしょうか、それとも著者の勝ちでしょうか？　わたしは、著者の勝ちだと思っていますが、その判断は読者に委ねます。いずれにしても、楽しい仕事ができました。読者にも楽しんでいただけたらうれしいです。

合掌

二〇一六年四月

ひろさちや

目次

第二章　気にせず、苦にせず

第三章 のんびり、ゆったり

第四章　なるようになるさ

キャラクター（トレッくま）イラスト●フジモトマサル
装丁・デザイン●アルビレオ

第一章

なんだっていい

人生に意味や意義はあるのか？

結論を先に言います。

人生に意味なんてありません。まったく無意味です。

しかし、わたしがそう言っても、たぶん読者は信用されない。〈そんなはずはない。人生には何か意味があるはずだ〉と思っておられるでしょう。そこでわたしの発言を権威づけるために、あの有名なイギリスの劇作家のシェイクスピア（一五六四―一六一六）の言葉を引用します。

明日《あした》、明日《あした》、明日《あした》の日《ひ》が、

毎日忍び足に這い寄って、

時の記録の最後の綴《つづ》りまでつづく。

そうしてすべての昨日《きのう》という日は、馬鹿者どもの
塵の死へ行く道を照らした。消えろ、消えろ、短かい蠟燭《あかり》。
人生は歩く影だ。あわれな役者だ。
舞台の上を自分の時間だけ、のさばり歩いたり、
じれじれしたりするけれども、やがては人に忘れられてしまう。
愚人の話のように、声と怒りに充ちてはいるが、
何等の意味もないものだ。

（シェイクスピア『マクベス』野上豊一郎訳、岩波文庫）

シェイクスピアはわたしたちの人生を、自分の出番だけ舞台の上で役柄を演ずる役者だと見ています。ある人は殿様役で登場します。またある人は代官役、そして悪代官の役をつとめる人もいます。金持ち／貧乏人、男／女、老人・子ども、学校の先生、お巡りさん、政治家、財界人……と、その役柄はいろいろです。でもみんな、自分の出番だけ登場し、それが終われば舞台から消えて行くのです。消えろ、消えろ、束の間《つかのま》の灯火《ともしび》。人生は舞台で演ずるお芝居です。なんの意味もありません。それがシェイクスピアの人生観です。

そうですね、そもそもシナリオ・ライターは誰なんでしょうか？　そして舞台監督は誰か？　それが誰であるにせよ、わたしたちは好き勝手に自分の配役を選べません。誰もが貧乏人、病人、劣等生、落ちこぼれの役割なんかつとめたくない。できれば大金持ち、権力者

になりたい。でも、それが思うがままにならないのがこの人生です。そうすると、あなたがたまたま悲惨な落ちこぼれ役を演じなければならなくなったとき、その「落ちこぼれ役」があなたにとっての人生の意味だと言われて、あなたはうれしいですか？　劣等生になり、失業者になり、ホームレスになり、刑務所に入る、それが人生の意味でしょうか？　そりゃあね、成功した人はいいですよ。成功した人は、〈俺の人生は有意義であった〉と思うことができるでしょう。でも、永遠の勝者はほとんどいません。絶大なる権力を握りながら、のちに失脚し、死ぬときになって、

〈あーあ、いったい俺はなんのために生きてきたのか?!　俺の人生にどんな意義があったというのか?!〉

と臍《ほぞ》をかみつつ息を引き取るくらいであれば、最初の最初から、

――人生は無意味――

と割り切っていたほうがよさそうです。大金持ちや大権力者になる見込みのないわれわれ庶民は、人生の意味なんて考えないほうがよいと思います。「お一人様、一回限り」の人生なんですから、あなたはあなたの好きなようにその一回限りの人生を生きるとよいでしょう。わたしはそのようにおすすめします。

世に非難されない者はいない

けれども、わたしのこの断定を乱暴と思われる読者がおいでになるかもしれません。そこで、もう少し丁寧に「人生の意味」を考えることにします。

かりに人生に意味があるとして、あなたは何が人生の意味と考えますか？　つまり、あなたは何を生き甲斐に人生を生きているのですか？

人によってその答えはさまざまでしょう。

ある人は金儲けを生き甲斐にしています。また、権力者になることを生き甲斐にする人もいます。学問の世界において、芸術の世界において、さらにはスポーツにおいて、勝者になり、名声を得ることを目標に生きている人もおられます。ひょっとしたら、立派な（？）泥棒になることを生き甲斐にしている人もいるかもしれません。それを達成できるか否かは不問にして、人はそれぞれに生き甲斐を持っているでしょう。まあ、さしずめ、『小学唱歌集』にある、

身をたて　名をあげ、やよ　はげめよ。

（「あおげば尊し」）

といったところが、日本人にとっての公約数的な生き甲斐かもしれません。この唱歌は明

治十七年（一八八四）につくられたものです。

ところが、大日本帝国の時代、「身をたて　名をあげ」ることは、国家のために自分を犠牲にすることでした。わたしは敗戦前の国民学校（当時、小学校は〝国民学校〟と呼ばれていました）で教育を受けたのですが、国民学校の児童は、

「おまえたちの命は天皇陛下の命である。その命を天皇陛下に捧げることが、おまえたちの生き甲斐である」

と、徹底して「滅私奉公」の精神を叩き込まれました。国家のために死ぬことが生き甲斐だなんて、そんな生き甲斐であれば、ないほうがましです。

しかし、それは敗戦前の話だろう。敗戦後の日本はそうではない。と言われる人が多いでしょう。だが、敗戦後の日本人だって、あんがい「滅私奉公」の呪縛にかかっています。

「おまえは、自分の利益ばかりを主張している。ちっとは会社のことを考えろ！」

読者のうちには、自分でそんな言葉を口にしたか、あるいは管理職からそんな言葉を聞かされたことがおありでしょう。そのために残業させられる。自分の人生、自分の時間なのに、それを会社のために捲《ま》き上げられます。それでもってそれが「生き甲斐」だと錯覚している。それが平均的日本人の姿です。

まあ、ともかく、「公」のことはどうだっていいのです。〝公〟といえば、なんだか立派に聞こえます。そこで、われわれはそれを〝世間〟と呼びましょう。世間の人が、あなたは立

派な人だと評判する。逆にあなたをけしからん人間だと糞味噌《くそみそ》に言います。でも、そんなことを気にする必要はありません。そのことは、釈迦が次のように言っています。アトゥラというのは在家信者の一人です。

アトゥラよ、このことは昔から言われていることであって、いまに始まることではない。沈黙する者も非難され、多く語る者も非難され、少ししか語らぬ者も非難される。世に非難されない者はいない。

ただ非難のみされる人も、ただ称讃のみされる人も、過去にもいなかったし、未来にもいないであろう。現在にもいない。

（『ダンマパダ』227・228）

あなたがどんなことをしても、世間の人はあなたを非難します。だから、気にしない、気にしない。世間があなたの生き方をどう言おうが、あなたはそれを気にせず、あなたの好きなように生きればよいのです。

だってあなたは、世間のために生きているのではありませんからね。

生き甲斐は特にないほうがよい

それから、生き甲斐なんてものは、所詮はあなたの、

――欲望――

なんですよ。「身をたて　名をあげ」ようとすること、つまり立身出世したいというのはあなたの欲です。世間の名声を得たいというのも欲望。そもそも立派な生き甲斐を持ち、自分の人生を有意義にしたいというのが欲望にほかならないわけです。

「最近の若者は、どうも欲がない。わしらの若いころは、〝自分はこんなふうになりたい〟と、みんな、それぞれ大志を抱いていた」

そんなふうに嘆く年寄りがいます。しかしその人は、自分の人生を欲望に踊らされて生きてきたのです。欲望に踊らされていない者のほうが、むしろ立派ではありませんか。

欲望に踊らされるというのは、こういうことです。たとえば、大金持ちになることがあなたの生き甲斐だとします。そこまで露骨な表現をする人は少ないでしょうが、立派な学問業績でもってノーベル賞を得たいといった目的も、多かれ少なかれ似たようなものです。そこで大金持ちになることを人生の目標にします。では、その人は、どれぐらい稼ぐと、その目標を達成したことになりますか？　じつは欲望というものが性《たち》が悪いのは、人間は稼げば稼ぐほど、ますますもっと欲しくなります。欲望が膨らみます。それで、〈もうこれで十分〉

といった限度がない。〈もっと、もっと〉となります。その結果、人間は欲望に踊らされるはめになるのです。

だから、何か生き甲斐を持った人は、自分の生き甲斐に踊らされる結果になります。その人は、自分の人生に満足できません。

もっとも、百人が百人、万人が万人、自分の人生に満足できないわけではありません。本当に顕微鏡的少数ですが、自分の人生に満足できる人がいます。その人はそれでよいのですが、それは例外だと思ってください。あなたが何かを生き甲斐にして、それであなたが満足して死ねるわけではありません。そんなこと、滅多にないのですから、まああなたは生き甲斐なんて考えないほうがよいと思います。

それでも、どうしても生き甲斐を持ちたいと考える人のために、うまい方法をお教えします。それは、あなたはのんびり、ゆったりとご自分の人生を生きて、そのあげく晩年になって、

〈俺は、これを生き甲斐に人生を生きてきたのだ〉

と思うことです。もしもあなたの晩年が貧乏であれば、〈わたしは貧乏を楽しみつつ、人生を生きるのが生き甲斐であった〉と思えばよいのです。あなたが無名の人で人生を終わるなら――たいていの人はそうでしょうが――、〈俺は、名もなく、貧しく、美しく人生を生きたのだ。それが俺の幼時から志向した生き甲斐であった〉と自己満足すればいいと思います。

ということは、どんな生き甲斐を持ってもよいのです。誰に遠慮することはありません。あなたは、あなたの生きたいように人生を生きればよい。この、

――なんだっていい――

ということが大事です。これがあらゆることに通じます。人生の意味はなんだっていい。生き甲斐はなんだっていい。だって、あなたの人生はあなたのものなんですから。世間の人にとやかく言われる筋合いはありません。どうかあなたはご自由に生きてください。それがわたしの回答です。

なぜ人を殺してはいけないのか?

人を殺してはいけない——と、いったい誰が決めたのですか? そんなことはありません。人を殺してもよいのです。そのことは日本の「刑法」が断言しています。

第一九九条　人を殺した者は、死刑又は無期若しくは五年以上の懲役に処する。

つまり「刑法」は、「人を殺してはいけない」とは言っていません。ただ、人を殺した者に懲罰を与えると言っているだけです。だから、あなたが懲罰さえ覚悟すれば、あなたは人を殺してもいい。現に、「わたしは死刑になりたい」ということで、無差別殺人をやった人もいました。法律はそういう人をなくすことはできません。おかしな話ですね。

これは盗みについても言えます。

第二三五条　他人の財物を窃取した者は、窃盗の罪とし、十年以下の懲役又は五十万円以下の罰金に処する。

「刑法」は他人の財物を盗んではいけないとは言っていません。「刑法」によると、これも懲罰さえ受ければいいのです。

また、わたしたちは「嘘をついてはいけない」と思い込んでいます。しかし「刑法」は、ただ嘘をついただけで人を罰することはできないとしています。もしも嘘をついただけで人を罰するのであれば、自民党の国会議員の大半が有罪です。ただし偽証の罪（宣誓した証人が虚偽の陳述をした罪）は、「刑法」もちゃんと定めています（第一六九条）。裁判において偽証することと、日常生活において嘘をつくこととは同じではありません。そのことを混同しないでください。

正当な理由と必要性のある殺人とは？

まあ、ともかく、法律的には人を殺してはいけないということはありません。ただ刑罰さえ覚悟すれば、人を殺したってよいのです。法律的にはそうなります。

それから、国家そのものは平気で人殺しをやります。戦争において、敵国の人間を大量殺《さつ》戮《りく》することは、非難されるどころかむしろ称讃されます。第一次世界大戦までは、いちおう曲がりなりにも交戦相手国の非武装の国民を殺すことは殺人罪になりました。武装した敵国兵を殺すのは犯罪ではありません。正当な戦闘行為です。ところが、第二次世界大戦において、日本と交戦したアメリカは、非武装の市民を空襲によって大量に殺戮しました。広島・長崎に原爆を落とし、何十万という非戦闘員、無辜《むこ》の市民を殺しました。あれは明らかに国際法違反の行為であり、テロというべきものです。わたしは、最初にテロをやったのはアメリカだと思っています。まさにアメリカこそテロ国家です。

ちょっと脱線しかけていますが、戦争において人を殺すのはいけないことだとされてはいません。称讃されないまでも、しごくあたりまえの行為です。

また、日本国は死刑制度を存続させています。人を殺した人間を国家が殺すのですから、どうして人を殺してはいけないと言えるでしょうか。

だとすると、わたしたちはなんとなく「人を殺してはいけない」と思わせられていますが、そう思ってはいけないのです。本当は、

——正当な事由と必要性があれば人を殺してもよい。しかし、不必要な殺人は是認されず、それに相応の処罰が科せられる——

というわけです。だから裁判において、その殺人行為に正当な事由があったか／否か、ま

た必要性があったか／否かが審議され、場合によっては殺人者が正当防衛や心神喪失が認められて無罪になることもあります。

つまり、要するに、人を殺してはいけないのではなしに、どうしても必要であれば人を殺してもよいのです。だからアメリカは、どうしても必要だと判断して日本に原爆を落とし、無辜の市民を大量殺戮しました。そればかりでなく現在も、自分の国がテロの被害を受けずにすむという必要性から、外国に空爆を加えています。おっと、またまた脱線しましたね。

道徳は強者が弱者をいじめる道具

ともかく、国家は平気で人殺しをします。ところが、わたしたち庶民は、「人を殺すのは悪いことだ」と自己規制します。それは道徳に縛られているのです。

でも、そもそも道徳って何なんでしょうか……？

わたしは、強者が弱者をいじめるために道徳が使われていると考えています。つまり道徳というのは、弱い者いじめのための道具なんです。

たとえば、「遅刻をしてはいけない」といった道徳があります。ところが、社員と社長が待ち合わせをして、社員が時間に遅れたとします。すると社員はこっぴどく叱られます。場合によっては会社を首になることだってあります。それは社員が弱者だからです。

反対に強者である社長が遅刻しても、「待たせたね」の一言ですんでしまいます。〈俺は大事な会社の用で遅刻したのだ。だからおまえが待つのは当然だろう……〉と、たぶん社長は内心でそう思っています。ひょっとしたら、〈おまえは俺の遅刻をありがたく思え！〉と、社長はそこまで考えているかもしれません。

ともかく道徳というものは、強い奴が弱い者をいじめるために使われます。だから学校で生徒（弱者）が遅刻すれば、こっぴどく叱られますが、教師（強者）が遅刻しても、たいていの場合は不問に付されます。ときによっては有給休暇の時間単位での処理になりますが、そういうことは滅多にありません。

嘘をついても、強者である政治家にはお咎《とが》めなしです。

ですから、わたしたちは道徳なんかに縛られる必要はありません。

この点に関しては、イギリスの作家のサマセット・モーム（一八七四―一九六五）がおもしろいことを言っています。

（……）正しいとか不正であるというのは単に言葉であり、行動の規則は人間が身勝手な目的のためにでっち上げた慣習に過ぎない。自由人は自分の都合に合う場合以外はそんな規則に従う理由はない、と思った。そのころ私は警句が好きだったし、世間でも流行《はや》っていたので、自分の考えを警句仕立てにして、「街角の警官に気をつけながら、自分の好みに従うべし」と述べた。

（『サミング・アップ』行方昭夫訳、岩波文庫）

わたしたちは、法律や道徳、世間の規範などに縛られることはありません。必要とあらば、道徳や規範などは平気で無視してください。いや、これは、わたしが言う前にすでに皆さんが実行しておられることですね。ただしモームが言うように、街角には警官が立っていることがあります。その警官によって、あなたが、みすみす不利益をこうむることはすべきではありません。そのことを忘れないでください。

それから、もう一つ。あなたが強者を騙《だま》すために嘘をつくことは許されます。わたしは、それは許されると考えます。ですが、あなたが、あなたよりも弱い者を騙すために嘘をつくのは許されません。そんなことをすれば、あなたはその辺にいる政治家と同じレベルの人間になってしまいます。あなたはうさん臭い強者になってしまう。それはやらないでください。そうですね、わたしたちは、家族や仲間を騙さないようにしましょう。家族や仲間を騙して、ちゃっかり自分の利益を獲得する。それは下劣な人間のすることです。

街角に警官のいることと、弱い者いじめをしないこと。その二点さえ忘れなければ、あなたはあなたの人生を生きるのです。だから誰に遠慮する必要はありません。世間のことは気にしなくていいのです。あなたは自分が好きなように生きてください。それがわたしからのアドヴァイス（忠告）です。

世の中の不平等はなぜ存在するのか？

ひとつ思考実験に付き合ってください。

問題は、

「二人に一個しかパンがありません。どうすればよいでしょうか？」

というものです。これは、二人に一人分の食料しかない。どのように分配すればよいか？

といった設問です。

考えられる解答に三つあります。

A　半分こする。

B　一人が食べて、一人は食べない。

C　二人とも食べない。

しかし、分配の問題ではなく対応策だとすれば、もう一つ考えられるのは、

D　パンを増やす。

方法があります。そして実際に日本は、一九四五年の敗戦直後は二人に一個しかパンがない状況でした。だが、その後、一九六〇年に登場した池田勇人首相の所得倍増計画や経済成長政策によって、Dのパンを増やす路線を歩んできた。その結果、二十一世紀初頭の日本は、二人にパンが五つぐらいある状態になりました。けれども、ここではあくまでも分配の問題として考えてください。そうすると選択肢は三つになります。あなたはそのうちのいずれを選びますか?

そのような問いかけに対して、Aの「半分こする」を選ぶ人がほとんどでしょう。

だが、まれにBの「一人が食べて、一人は食べない」を選ぶ人がいます。理由を尋ねると、「親は、自分が食べられなくても、わが子には食べさせたいのです。だから親は空腹をがまんして、わが子に一個のパンを与えます」といった説明。なかなか説得力があります。

それから、ユダヤ教の学者から教わりましたが、ユダヤ教の『タルムード』(口伝律法とその注解書)には、

「砂漠に行くとき、一人は水を用意して来て、もう一人は水を用意しなかった。そのとき水を用意して来た者は、水を用意して来なかった者に一滴たりとも飲ませてはならない」

とあるそうです。

砂漠において水がなければ、運悪くオアシスにたどり着く前にその人が死ぬ確率は高くな

ります。最初、ユダヤ教徒は無慈悲な人間なんだなあ……と思いましたが、ユダヤ教の学者といろいろ話し合って、自分の蒙昧《もうまい》さに気づきました。日本人であれば、水を持っている者と持っていない者のあいだで暴力沙汰が生じるでしょう。そして結局は、力のある奴が水を飲むことになります。だが、ユダヤ教徒はそうではありません。彼らは、その水はヤーウェの神がその人に与えられたものと信じています。つまり、水は神のものであって、自分に与えられなかったものを飲むことはできない、と信じているのです。だから、いくら腕力が強くても、神が自分に与えてくださらなかった水を飲むことはできないと、強者のほうで自制するのです。それが宗教心です。宗教心のない日本人は、強者と弱者の奪い合いになり、結局は強者が勝つのです。そこに不平等の淵源があります。しかし、この不平等については、あとで考えることにします。

二人とも食べない選択肢

宗教心といえば、Cの「二人とも食べない」というのが、仏教が教える宗教心です。では仏教は、一個のパンを無駄にしろと言うのか?!　そう詰問されそうですが、そうではありません。

わたしの幼時体験ですが、わたしは外で何かを貰って来たとき、すぐさまそれを仏壇に供えるように習慣づけられていました。だから、わたしが一個のケーキを貰って来たとき、わたしはそれを仏壇に供えます。するとそのケーキはわたしのものではなくなり、阿弥陀仏《あみだぶつ》（わが家の宗旨は浄土宗です）のものになります。家には妹がいます。すると阿弥陀仏はわたしと妹にそのケーキを半分ずつにしてくださるでしょう。結果的にAの「半分こ」になりますが、その前にわたしはそのケーキの所有権を放棄して、その所有権を阿弥陀仏に移しています。つまり、いったんは二人とも食べないという選択肢を採ったのです。それが仏教の宗教心です。

　この宗教心がなくて、兄が妹にケーキを半分あげたとします。その場合、妹は兄に借りができます。少なくとも妹は、「お兄ちゃん、ありがとう」と言わねばならない。卑屈にならざるを得ません。だが、ケーキが阿弥陀仏のものであれば、妹が卑屈になることもないし、兄が優越感を抱くこともありません。その意味では真の「平等」が達成されています。

　だとすると、われわれがAの「半分こする」という方法を採るにしても、宗教心のある／なしが大事なことになります。宗教心なしで「半分こ」にすれば、強者（パンの所有者）が弱者に恩恵を施すことになり、

「俺がおまえに半分を恵んでやるんだぞ。だからおまえは俺に感謝し、俺に対してへいこらしろ。俺に楯突《たてつ》くようなことはするな！」

　ということになります。

しかし宗教心があれば、すべては仏や神のものなんですから、施《ほどこ》しを受けたにせよ、受者《じゅしゃ》が施者《せしゃ》にお礼を言う必要はありません。そこでは強者／弱者の関係は発生せず、真の意味での「平等」になります。わたしは、平等／不平等というものを、そういうふうに考えています。

「施す」のではなく「返す」

かつてエジプトを旅行したとき、路上生活者（つまり乞食ですね。しかし〝乞食〟は差別用語だから使ってはいけないと言ううるさい人がいますので、わたしは〝路上生活者〟と表記します）が通行人に向かって、

「ハーガ・リッラー」

と呼びかけていました。インドにしてもアラブ世界にしても、路上生活者は普通、

「バクシーシ」

と言います。これはペルシア語で「お恵みください」の意味です。しかし〝ハーガ・リッラー〟は初めて聞くアラビア語なので、通訳に意味を尋ねました。すると、通訳は、それが「アッラーの神にお返しください」の意味だと教えてくれました。

要するに彼ら路上生活者は、通行人に向かって、

「おまえが所有しているものすべてはアッラーの所有物だぞ。おまえはちょっと持ち過ぎだ。だからその一部をアッラーにお返ししろ！」

と呼びかけているのです。すばらしい哲学だと感心しました。

＊

社会全体が貧しいときは、わたしたちは一個のパンを半分ずつに分け合って食べることができます。ところが、社会が全体的に豊かになると、もう分け合うことができなくなります。なぜなら、そこに競争原理が働くからです。

かりに二人に三個のパンがあるとします。半分ずつにするのであれば、一・五個ずつになりますが、そうはならない。二人に一個ずつパンを配って、残った一個を、

「さあ、競争してごらん。勝ったほうに一個をご褒美としてあげるからね」

となります。その結果、敗者は一個、勝者は二個のパンを獲得します。それが「不平等」です。

したがって、競争原理によって社会の不平等がつくられるのです。

歴史家が指摘していますが、日本の縄文時代には社会に不平等はほとんどなかったそうです。縄文時代は狩猟・漁労に依存する採集経済の段階で、全体的に貧しい時代でした。とこ

ろが、弥生時代になって稲作の農耕経済の段階になると、社会に余剰の富が蓄積されます。するとを富をめぐって争奪戦が始まる。歴史家は、縄文時代には戦争はなかったが、弥生時代になると戦争が始まったと言っています。すなわち余剰の富、豊かさが戦争を呼び起こすものので、それが「不平等」の原因なのです。

そのことは、現代においても当てはまります。

敗戦直後、二人に一個のパンしかないような貧しい時代の日本人は、みんなで助け合って生きていました。まあ、例外はありますよ。いちいち例外を言っていたのでは話が進められませんから、平均的・全体的な話として聞いてください。ところが、少し豊かになると（二人に三個のパンがあるようになると）、たちまち競争原理が社会を支配するようになります。そしてその豊かさがますます進んで、二人に五個のパンがあるようになると――たぶん現在の日本はそういう状況だと思います――、もう人々は競争原理を疑うことはなくなります。競争の勝者は四個を獲得し、敗者は一個でがまんせねばならない。それがあたりまえの話になってしまう。不平等があたりまえになる。それが現代日本の状況です。

ところで、経済成長が続いているあいだはまだいいのです。勝者の取り分は、二対一、三対一、四対一と、どんどん多くなり、勝者はにんまりです。けれども経済成長が停まり、勝者の取り分が四対一に一定してしまうと、勝者に不満が生じます。もっと取り分を多くしたくなります。その結果、四対一から四・三対〇・七、四・五対〇・五と、比率を変えるのです。昨今の日本の経済は停滞期にあり、勝者と敗者の取り分の比率が四・五対〇・五ぐらいになっているかもしれません。わたしがデタラメを言っていると思われては困るので、一つだけ論拠を示しておけば、二〇〇八年十月に発表されたＯＥＣＤ（経済協力開発機構）のレポートによると、日本は当時のＯＥＣＤ加盟三十か国中、貧困率が四番目に高い国（ということは貧乏人の比率の多い国）です。日本の貧困者の割合は約一五パーセント。これは約七パーセントのフランスの倍以上です。もっともアメリカは約一七パーセントで、日本よりも貧困者の割合が多い国ですが……。

＊

では、どうすればよいのか？　きっとそのような問いがなされると思います。

それに対するわたしの示唆は、

――まあ、政治を変えるほかありませんね――

といった、平凡なものでしかありません。日本の政権与党の政治家（はっきり言えば自民党の政治家です）は、勝者の味方です。つまり金持ちの味方。その政治家を首にして、貧乏人・弱者の味方をする政治家を選ぶこと。すなわち福祉政策に本腰を入れる政治家を選ぶ以外に、われわれ庶民が浮かばれる機会はありません。いつまでも金権政治家をのさばらせているようでは、日本の没落は決定的です。その点では、わたしは悲観論者なんです。まあ、いったん金権政治の日本は亡んだほうが、あとの再建に希望を持てるかもしれませんね。

なぜ人は人を愛するのか？

答えは簡単です。人が人を愛するのは、うまくその人を利用したいからです。反対に、人が人を嫌い、憎むのは、その人をうまく利用できないからです。

わたしの回答は、ちょっと辛辣《しんらつ》に過ぎるかもしれません。でも、読者が胸に手をあてて考えてみるなら、思い当たる節があるでしょう。パートナーが自分にとって不利益になれば離婚します。あるいは別居する。でも、勘違いしないでください。わたしは、離婚や別居をしてはいけない、と言っているのではありません。利用価値があるから結婚し、利用価値がなくなり、マイナス価値になれば離婚する。それは当然です。それを人々は、「愛があるから結婚する」「愛がなくなったから離婚する」と思っているからおかしいのです。もっと素直に事実を見てください。変な先入観でもって世の中を見ないでください。

愛があるから　だいじょうぶなの

（「瀬戸の花嫁」山上路夫作詞、平尾昌晃作曲）

と小柳ルミ子は歌いましたが、「愛」の賞味期限はあんがい短いものですよ。

キリスト教とユダヤ教を分けた「愛敵」の思想

キリスト教は「愛の宗教」だと言われています。
キリスト教の開祖のイエスは、次のように述べています。

あなたがたも聞いているとおり、「隣人を愛し、敵を憎め」と命じられている。しかし、わたしは言っておく。敵を愛し、自分を迫害する者のために祈りなさい。

（「マタイによる福音書」5）

ここでイエスが引用している《隣人を愛し、敵を憎め》は、『旧約聖書』の教えです。ただし、『旧約聖書』の「レビ記」(19)には、

自分自身を愛するように隣人を愛しなさい。

といった言葉はありますが、《敵を憎め》のほうは、『旧約聖書』のどこにも該当する個所はありません。もっとも、一九四七年になって発見された「死海文書」の中に、これと同種の言葉があるそうです（佐藤研訳『マルコによる福音書・マタイによる福音書――新約聖書Ⅰ』岩波書店の脚注による）。「死海文書」は、イエスの当時、死海の北岸にあったユダヤ教の一派であるクムラン教団の文書です。だからイエスは、おそらくこのクムラン教団と関係があったのかもしれません。

いささか衒学的《げんがくてき》になりましたが、ともかくイエスはユダヤ教の律法を拡張解釈しました。ユダヤ教においては、われわれはただ隣人、つまり仲間だけを愛せばよかった。ところがイエスは、その愛を敵にまで及ぼすことをわれわれに命じました。この「愛敵《あいてき》」の思想こそが、キリスト教をユダヤ教から独立させるものだと思います。

では、なぜイエスはわれわれに、「隣人ばかりでなく敵までも愛せ」と命じたのでしょうか？「マタイによる福音書」（5）は、先程引用した言葉のあと、次のように説明しています。

父は悪人にも善人にも太陽を昇らせ、正しい者にも正しくない者にも雨を降らせてくださるからである。自分を愛してくれる人を愛したところで、あなたがたにどんな報いがあろうか。徴税人でも、同じことをしているではないか。自分の兄弟にだけ挨拶したところで、どんな優れたことをしたことになろうか。異邦人でさえ、同じことをしているではないか。だから、あなたがたの天の父が完全であられるように、あなたがたも完全な者となりなさい。

ここで〝父〟というのは、神（ゴッド）です。神は善／悪を問わず、正／不正を問わず、すべての人を愛しておられる。だからあなたがたも、敵／味方を差別することなく、すべての人を愛しなさい！　イエスはわたしたちにそう命じているのです。

これでお分かりのように、自分に利益を与えてくれる者は愛することができるが、自分にとって不利益になる者、うまく利用できない者は愛することができない——というのは、安っぽい愛情です。そんなものは本当の愛ではない！　イエスはそう言っているのです。

でもね、キリスト教は「愛敵」を説きますが、これは努力目標であって、キリスト教徒のみんなが敵を愛しているわけではありません。理想と現実を混同しないでください。アメリカの政治家などは、ユダヤ教徒以上に敵を憎んでいます。わたしたちはそのことを忘れてはいけません。

仏教は人を愛するなと教えている

仏教はどうでしょうか？　じつは仏教は、

——人を愛するな！——

と教えています。じゃあ、仏教は、

——人を憎め！——

と教えているのかといえば、そうではありません。愛してもいけないし、憎んでもいけない。それが仏教の教えです。

では、なぜ人を愛してはいけないのでしょうか？　原始仏教経典の『ダンマパダ』は、次のように言っています。


情愛（ピヤ）より憂いが生じ、情愛より怖れが生ず。情愛を離れたならば、憂いはない。どうして怖れがあろうか。(212)

友愛（ペーマ）より憂いが生じ、友愛より怖れが生ず。友愛を離れたならば、憂いはない。どうして怖れがあろうか。(213)

恋愛（ラティ）より憂いが生じ、恋愛より怖れが生ず。恋愛を離れたならば、憂いはない。どうして怖れがあろうか。(214)

性愛（カーマ）より憂いが生じ、性愛より怖れが生ず。性愛を離れたならば、憂いはない。どうして怖れがあろうか。(215)

渇愛（タンハー）より憂いが生じ、渇愛より怖れが生ず。渇愛を離れたならば、憂いは

ない。どうして怖れがあろうか。（216）

インドの仏教では、人間の「愛」というものを五つに分類しています。パーリ語ではその五つを〝ピヤ〟〝ペーマ〟〝ラティ〟〝カーマ〟〝タンハー〟と表現していますが、どうもぴったりとした日本語の訳語がありません。翻訳者の苦労するところです。わたしはその五つを〝情愛〟〝友愛〟〝恋愛〟〝性愛〟〝渇愛〟と訳しました。いささか苦しまぎれの訳語です。

情愛（ピヤ）は、基本的には自己愛です。誰だって自分がかわいい。その自己愛が自分の子どもや親、配偶者に拡大されていくのが情愛です。しかし、たとえわが子、肉親であっても、自分に反抗する者にはこの情愛は及びません。

自己を中心に血縁者、親族にまで拡大されたこの情愛が、次に仲間にまで拡大されたのが第二の友愛（ペーマ）です。けれども、利害の反する競争相手には、この友愛が及ぶことはまずないでしょう。

恋愛（ラティ）は、日本語の〝愛する〟よりは〝惚《ほ》れる〟のほうがぴったりでしょう。基本的には異性に対して抱かれるものですが、同性に対しても発揮されます。

恋愛は精神的な側面が強い感情ですが、性愛（カーマ）になると肉体的な面が強くなります。

渇愛（タンハー）は、すべての人間が持っている根源的な欲望です。愛する対象に執着するのが渇愛です。それ故、愛する者は悩まなければならないのです。

このように仏教は「愛」の本質を自己愛であり、愛する対象に対する欲望・執着と見ています。それ故、わたしたちは愛することによって悩む。だから仏教は「愛するな！」と教えます。

たしかに親は、わが子を愛するが故に悩みます。そして、愛するが故に、わが子が自分の思い通りにならないときに、わが子に対する憎しみが生じます。つまり愛と憎しみは一つのものの裏表ですね。

だから「愛するな！」なんです。いっそわが子のないほうがさばさばするかもしれません。かといって、わが子が死ねば、悲しみはどうしようもなくなります。

愛とはなかなか厄介なしろものですね。仏教が言っていることも、分からないわけではありません。

怒りなど負の感情はどう処理すべきか？

正直に告白すれば、わたしは怒りっぽい人間です。すぐに「かっ」となって腹を立てます。あとで〈しまった！〉と思うのですが、この性格は直りません。だからこの質問は、「おまえには、偉そうなことを言う資格はないぜ」と、わたしにお灸《きゅう》を据《す》えるためのもののように感じられます。したがって以下は、弁解のための回答だと思ってください。

＊

盤珪《ばんけい》禅師（一六二二―九三）は、江戸時代の臨済宗の禅僧です。彼は平話（日常の話し言葉）でもって禅を説いたので、その所説は一般民衆に分かりやすいものとして受け取られました。

ちょっと長い引用になりますが、『盤珪禅師法語集』（藤本槌重編著、春秋社）から引用します。

ある僧問うて曰く、某は生れ付いて、平生短気にござりまして、師匠も、ひたもの意見を致されますれども、直りませぬ。私もこれは悪しき事ぢゃと存じまして、直さうと存じますれども、これが生れ付きでござりまして、直りませぬが、これは何と致したら直りませうぞ。禅師の御示しを受けまして、このたび直したう存じまする。もし直りまして、国元へ帰りましたらば、師匠の前と申し、又私一生の面目と存じませうほどに、御示しに預りたう存じまする。

師の云く、そなたは面白い物を生れ付かれたの。今も短気がござるか、あらば爰《ここ》へ出さしゃれ、直して進ぜう。

僧の云く、唯今はござりませぬ。何とぞ致しました時に、ひょっと短気が出まする。

師の云く、然らば、短気は生れ付きではござらぬわ。何とぞした時、縁によってひょっと、そなたが出かすわいの。何とぞした時も我《わ》が出かさぬに、どこに短気があるものぞ。そなたが身のひいき故に、むかうの物に取りあうて、我思《わが》はくを立てたがって、そなたが出かしておいて、それを生れ付きといふは、親に難題を云ひ掛くる、大不孝の人といふものでござる。人々皆親の産み付けてたもったは仏心一つで、余の物は一つも産み付けはさしゃりませぬ。我身の贔屓故に、我《わ》が出かして、それを生れ付きと思ふは、愚な事でござる。我が出かさぬに、短気がどこにあらうぞいの。一切の迷ひは皆これとじ同事で、我が迷はぬにありはしませぬ。それを皆誤って、生れ付きでもないものを、我欲《わが》で迷ひ、機癖（気癖）で我が出かして居ながら、生れ付きと思ふ故に、一切の事について、迷はずに得居ませぬ。

盤珪禅師のところに一人の僧がやって来て、「わたしは生まれ付き短気です。どうしたら直りますか？」と尋ねます。すると盤珪は、「それじゃあ、ここに短気を出しなさい。そうしたら直してあげよう」と言います。でも僧は「ただ今は短気はありません。何かのはずみで短気が出てきます」と答える。そう答えるよりほかありませんね。

すると盤珪は、「じゃあ、短気は生まれ付きではない。おまえさんが何かのはずみで短気になるのだ。それを親のせいにするなんて、この親不孝者め！」と叱っています。なかなかおもしろい禅問答ですね。

〈どうも自分は短気な性格である。これはよくない。努力してこの性格を直さないといけない〉――と考えている人が多いようです。でも、性格なんて、そう簡単には変えられませんよ。ひょっとしたら、

「短気は死なねば直らない」

かもしれません。わたしはそうあきらめています。

では、どうすればよいのでしょうか？
盤珪禅師は、続けて次のように言っています。

これを聞かしゃれい。そなたが幼少の比《ころ》より、人の短気を出かすを見習ひ聞き習ひ、そなたも短気が機癖となって、時々ふっと短気を出かして、生れ付きと云ふは愚な事でござる。今、従前の非を知って、この場で、永く短気を出かさぬやうにするに、直す短気は、ありはしませぬ。直さうよりは、出かさずに居るが近道でござる。出かしておいて、直すとは造作なこと、むだごとといふものでござる。出かさねば、直すことはいりませぬ程に、これを、よくわきまへさしゃれい。

短気な性格を直そうとするより、短気を出さねばよい――。それが盤珪禅師のアドヴァイスです。

なるほど説得力があります。わたしは、いったんはこれで納得したのですが、しかし怒りっぽいわたしは、「短気を出すな！」と言われて、「はい、出しません」とはなりません。何か考えるより先に、つい怒りが出てしまいます。はっと気がついたら、もうすでに怒り心頭に発しています。そんなわたしはどうすればよいのでしょうか……？

仏教を学んでいる者は腹を立てないか？

原始仏教経典の『サンユッタ・ニカーヤ』（第4集）には、「矢について」と題される経があります。釈迦から教えを学んでいる者も／学んでいない者も、同じように楽受《らくじゅ》を受け、苦受《くじゅ》を受け、非苦非楽受《ひくひらくじゅ》を受けます。受《じゅ》というのは、われわれが外界の対象に接したときに感じる感覚・感情です。美しい花を見て、〈ああ、きれいだなあ〉と感じるのが楽受。逆に不快な感情を触発されるのが苦受。楽しいとも苦しいとも思わないのが非苦非楽受です。この楽受・苦受・非苦非楽受は、誰だって受ける。仏教を学んでいるか／いないかに関係はありません。釈迦は弟子たちにそう語ったあと、

「いったい、まだ教えを聞かぬ人々と、すでに教えを聞いた人々とのちがいは、なんであろうか」

と質問しました。弟子たちに試験問題を出したのです。ここでの引用は増谷文雄『仏教百話』（筑摩書房）によります。

ところが、弟子たちは誰も答えられない。そこで釈迦は、次のように弟子たちに教授しました。

「比丘《びく》たちよ、まだ教えをきかぬ人々は、苦受をうけると、歎き悲しんで、いよいよ混迷するにいたる。それは、ちょうど、第一の矢を受けて、さらに第二の矢を受けるに似ている。それに反して、すでに教えをきいた人は、苦受をうけても、いたずらに歎き悲しんで、混迷にいたることがない。それを、わたしは、第二の矢を受けず、というのである」

美しい花を見て〈美しい〉と思う。約束の時間に相手が来ず、待たされて腹を立てる。それは第一の矢です。それは誰だってする反応です。もっとも鷹揚《おうよう》な人々はあまり腹を立てないかもしれませんが、わたしは腹を立てる口です。

この第一の矢を受けるのは、仕方がないことです。

だが、釈迦は、続けて第二の矢を受けるなと、われわれにアドヴァイスを送ります。第二の矢とは、美しい花をわが家に持ち帰りたいと思ったり、遅刻した相手をいつまでも責めることです。

燃えている火が消えないのは、そこに燃える材料を補給するからです。補給しなければ、火は自然に消えるのです。だから釈迦はわれわれに、

――薪《まき》を焼《く》べるな!――

と教えているのです。それが「第二の矢」を受けるなということなんですね。

どうしたら「第二の矢」を受けずにすむか

理論的にはそれでいいのですが、でもどうしたら薪を補給しないですむか、そのやり方がむずかしいですね。ちょっと自慢話になりますが、わたしの成功例を語っておきます。

あるとき、八王子市の浄土真宗の寺に招かれて講演することになりました。駅から近いのですが、わたしはタクシーに乗り、先方から送られて来た地図を運転手さんに渡しました。だが、タクシーが連れて行ってくれた寺院は禅宗のお寺。わたしは運転手さんに、「この地図の通りに来たのですか?」と尋ねると、「いいえ、近道をしました」との返事。しかも、その禅宗寺院から目的の浄土真宗の寺に行くには、どう行けばよいかが分からないというのです。だから、もう一度出発点に戻って、地図の通りに行ってもらいました。

運転手さんは初乗り料金(その当時は七一〇円でした)のまま、メーターを倒して行ってくれたのですが、お寺に着いたときは十五分の遅刻。わたしは腹が立ちましたよ。しかし、わたしは、釈迦の「薪を補給するな!」の教えを思い出して、千円札を出して、「どうもありがとうございました。お釣りはどうかチップに取っておいてください」と丁寧に言って下車しました。運転手さんは、わたしから罵声を浴びる覚悟でいたかもしれません。でも、わたしのその態度に、運転手さんも思わずにっこり。「どうも、ごめんなさい」と言ってくれました。そしてわたし自身も、気分的に楽になり、第二の矢を受けずにすみました。

ただし、言っておきますが、これは滅多にない成功例です。普段のわたしは、第二の矢を受けまくっています。

「正直」は最善の選択なのか？

あなたはある状況において、正直であることもできるし／不正直であることもできます。どちらでも自由自在です。そういう状況において、あなたは正直を選択しました。それでよかったでしょうか？　設問はそういう意味ですか？　もしそういう意味であれば、わたしの返答は、

——あなたは利益の多いほうを採りなさい。必ずしも正直である必要はありません——

となります。そしてこれは、たいていの人が採用しているプリンシプル（原則）です。税金の不正申告がばれて、とんでもない追徴金をとられた。それなら最初から正直に申告しておけばよかった。誰だってそう思います。でも、ばれなければ、不正直であって得をしたのです。問題は、ばれるか／ばれないかの確率と、追徴金（ペナルティー）の金額によります。でも、大企業が不正をやって、それで制裁金をとられたケースはあまり報道されません。も

っとも、最近では東芝やフォルクスワーゲンなどの例がありますが。そうだとすると、「正直」はあまり善い選択ではなさそうです。最悪の選択とは言わないまでも、最善の選択ではありませんね。

利害が対立する者のあいだで、いかなる意思決定をすればよいかを数理的に分析したものに、

――ゲームの理論――

と呼ばれるものがあります。そのうちに、二人のプレーヤーが協力か／裏切りかの選択肢を与えられ、いずれを選ぶかによって得られる利益に差があるという、俗に「囚人のジレンマ」と呼ばれるものがあります。本書では詳しく解説することはできませんが、わたしの記憶では、コンピューターに計算させると、

「いつも相手に協力する」（すなわち正直の作戦）

「いつも相手を裏切る」（すなわち不正直の作戦）

の二つは、あんがい利益が少ない。それよりは、

「相手が裏切れば、その次のゲームではこちらも仕返しに裏切る。相手が協力の選択肢を選んだ場合は、次のゲームでこちらも協力の選択肢を選ぶ」

といった作戦のほうが利益が大きくなるそうです。

わたしは、この「ゲームの理論」がわたしたちの行動原理になると思います。

わたしたちは、仲間を騙したり、裏切ってはいけません。

けれども、国民を騙し、国民を裏切るような政府与党に対しては、正直になる必要はありません。だって自民党の政治家は、「原子力発電所は絶対に安全だ」と国民に嘘をついてきたのです。そして福島の原子力発電所の事故のあとも、なおも原子力発電所は必要だと彼らはわめいています。現実に原子力発電所なしで日本の電力需要はまかなえているのに、なおも「必要だ！　必要だ！」と叫んでいます。なんのために必要かといえば、大企業に安価な電力を供給したいからです。国民をそっちのけにして、大企業の利益ばかりを考えている金権政治家相手にわれわれ国民は正直になることはありません。わたしはそう思います。でも、わたしはちょっと正直に書き過ぎました。

絶対倫理と状況倫理

口直しに、イギリスの劇作家のバーナード・ショー（一八五六―一九五〇）の『ピグマリオン』（小田島恒志訳、光文社古典新訳文庫）から、ちょっといい言葉を紹介します。

ヒギンズ　おい、ドゥーリトル。お前は正直者か、悪党か、どっちだ？

ドゥーリトル　両方ちょっとずつだよ、エンリー。あっしらみんなそう。両方ちょっとずつ。

「両方ちょっとずつ」というのがいいですね。そして、「あっしらみんなそう」なんです。ほどほどに正直者で、ほどほどに悪党です。もしも一〇〇パーセントの正直者がいれば、われわれはその人を「馬鹿正直」と呼びます。

どうか馬鹿正直にならないでください。

＊

大学院生のころ、アメリカからの留学生と話していて、わたしが何気なく、

「嘘をつくことは悪いことだから……」

と言ったところ、彼にさんざんやっつけられました。

「おまえは本当に嘘をつくのは悪いことだと思っているのか？」

「あたりまえだろう。嘘をついてよいわけがない」

「じゃあ、訊くが、強盗がやって来て、おまえに〝金の隠し場所を教えろ！〟と脅す。おまえは、〝うちに金はありません〟と言う。横で子どもが、〝お父ちゃんの嘘つき！　あそこに隠してあるではないか〟と正直に教える。おまえはその子を正直者と褒めるか?!」

「そりゃあ、強盗に対しては正直である必要はない。強盗には嘘をつくことも許される」

「ほれみろ。強盗には嘘をついたっていい。その場合は、嘘をつくことは悪いことだとはならない」

「……」

「しかし、仲間に対して嘘をつくのはよくない。わたしたちは仲間を騙してはいけないのだ」

わたしは、それ以上、何も言えませんでした。

わたしたちは、「嘘をつくことは悪い」と、いつ、いかなる場合でも嘘をついてはならないと考えてしまいます。それを絶対倫理と呼びましょう。でも、絶対倫理でものを考えてはいけない。わたしたちは、これこれこういう状況にあっては、嘘をついてはならない。しかし、こういう場合は嘘をつくことも許される。といったふうに考えるべきです。それを状況倫理と呼ぶことができます。

どうもわたしたちは絶対倫理でものを考える傾向が強いですね。たとえば、国家に対して忠誠心を持たねばならない、愛国心を持つべきだ、といった論調がそれです。もちろん、国民の幸福を真剣に考えてくれている国家を、われわれは愛する。それは当然です。しかし、国民の幸福よりも大企業の利益を優先させるような国家を、われわれは愛することができるでしょうか。そういう国家に対しては、われわれは、

「くたばってしまえ！」

と言ってやればよいのです。いや、そう言わなければならないとわたしは考えます。あくまでもケース・バイ・ケースです。

「不妄語戒」の本当の意味

でも、仏教には「不妄語戒《ふもうごかい》」があるではないか。仏教は「嘘をつくな！」と教えているはずだ。おまえの言っていることは、仏教の教えに反する。わたしはそうお叱りを受けそうです。

じつは仏教の「戒」は、サンスクリット語で〝シーラ〟と言います。そしてこれは「習慣」といった意味です。

できるだけ嘘をつかない習慣を身につけましょう。というのが「不妄語戒」の意味です。わたしたちには、苦しまぎれに嘘をついてその場を逃れようとする習慣があります。それは「悪戒」です。そんな悪戒を捨てて、いかに苦しくとも嘘をつかずに、しっかりと現実に対応していこうとする、そういう「善戒」を身につけよう――というのが「不妄語戒」です。

そしてこれは努力目標です。わたしたちは、家族や仲間に対して嘘をつかない習慣をしっかりと身につけなければなりません。仏教者はそういう生き方をすべきです。その辺をまちがえないでください。

第二章
気にせず、苦にせず

人の気持ちはなぜ変わってしまうのか？

この質問は、人の気持ちは変わってはならない。それなのにどうして人は気持ちを変えるのか？　といったふうに考えて出されたものだと思います。つまり、人の気持ちが変わることに非難の意がこめられているのです。

じつをいえば、「なぜ？」と問うことは、多かれ少なかれ非難の意味がこめられています。

早い話が、母親が子どもに、

「あなたはなぜ宿題をしないのか?!」

と言うとき、これは完全に叱責の言葉です。課長が部下に、「きみはなぜこの報告書に、こんなことを書いたのか?!」と言うとき、それは疑問文ではなしに、「書くべきではなかった」という非難がこめられています。だから「なぜ？」と問われて、まともにそれに説明を加えようとすると、かえって相手の怒りを買います。すぐさま、

「すみませんでした」

と謝ったほうがよさそうです。

それから、目下の者が目上に向かって、

「なぜですか？」

と尋ねるのは、これは反抗になりますから注意してください。会社で部下が上役に、

「なぜこのような仕事をしないといけないのですか？」

と尋ねることは、上役からすれば、部下が「こんな仕事はしないでもいいではないですか?!」と言外に臭わせているかのように聞こえます。いや、実際に部下はたいていそう思っています。だから上役は、

「うるさい！　これは業務命令だ！　きみはつべこべ言わずに、命じられたことをやればいいのだ」

となります。親子の場合は、子どもから「お母さん、わたしはなぜこんなことをしないといけないの……?!」と言われたら、親はそれを「口答え」と受け取るでしょう。言葉というものは、むずかしいものですね。

また、以下はちょっと脱線になりますが、宗教上の問題で「なぜ？」と問うことは、ときに仏や神に対する反抗になります。

たとえば、日本人はよく、

「イスラム教では豚肉を食ってはならないとされています。でも、なぜ豚肉を食ってはいけないのですか？」

といった質問をします。そんな質問をすることは、イスラム教のアッラーの神に対する反抗になります。

なぜかといえば、イスラム教にかぎらず、ユダヤ教やキリスト教といった一神教の神はこの宇宙における絶対者です。そして、「豚肉を食べてはならない」というのは、その絶対者からの命令です。その命令にいちいち「なぜですか？」と問うことは、絶対者に対する反抗になります。われわれは絶対者の神に理由を尋ねる質問をしてはならないのです。

それに、かりにその質問に神が丁寧に答えてくれたとして、果たしてその返答がわれわれに納得できるものでしょうか。もしも納得できるものであれば、神はわたしたち人間と同レベルの考え方しかできないのです。安っぽい神ですね。また、神がわれわれ人間よりはるかに超レベルの思考をしておられるのであれば、われわれは神の返答を聞いても、それがどういうことか、さっぱり分からないはずです。したがって聞くだけ無駄です。

ともあれ、宗教において「なぜ？」と訊くことは、神に対する反抗になります。わたしたちは「なぜ？」と尋ねてはいけないのです。

「なぜ？」と問うたヨブへの神の返答

脱線につぐ脱線になりますが、その意味では『旧約聖書』の「ヨブ記」がおもしろいですね。

ウツの地にヨブという人がいた。無垢《むく》な正しい人で、神を畏《おそ》れ、悪を避けて生きていた。

「ヨブ記」はそういう書き出しで始まります。

そしてこのヨブの信仰をめぐって、神とサタンとが賭けをします。そのためにヨブはさまざまな災いにあい、試練にあいます。息子や娘はすべて死んでしまい、全財産を失ってしまいます。それでもヨブは信仰を失いません。

「わたしは裸で母の胎《たい》を出た。
裸でそこに帰ろう。
主は与え、主は奪う。
主の御名《みな》はほめたたえられよ」

ヨブはそう言っています。まさしく模範的なユダヤ教徒です。

しかしそのヨブも、ついには神に向かって問いを発します。「わたしはなぜこのように苦しまねばならないのですか？　その理由を教えてください」と言う。

神はそれになかなか返答されません。だが、最後に神は言われた。けれども、神のその返答は、普通の意味での理由説明ではありません。

「ヨブよ、この宇宙を造ったのは俺だぞ。おまえは俺の被造物ではないか。その被造物が俺に向かって偉そうなことを言う。けしからん！　おまえは黙っておれ！」

というのが神の返答です。つまり、神と人間とは、目上と目下の関係です。それも絶対的な目上であり、絶対的な目下です。だから神に向かって、「どうしてわたしが苦しまないといけないのですか?!」と問うことが、神に対する反抗になるのです。

「ヨブ記」は、われわれにそのように教えてくれているのだと思います。

人の気持ちが変わらなかったら？

さて、設問は、

「なぜ人の気持ちは変わるのか？」

です。ところでこの質問には、非難の意味がこめられているのでしょうか？　人の気持ちが変わるのがよくないことなのに、なぜ人間はすぐに心変わりをするのだろうか……?! そうした意味での質問でしょうか?

かりにそうであれば、わたしは反対を言いたいですね。

古典落語に「芝浜《しばはま》」があります。なかなかいい人情噺《ばなし》です。

裏長屋住まいの棒手振《ぼてふり》の魚屋の魚勝が、芝の河岸の近くで四十二両も入った財布を拾いました。棒手振というのは、天秤棒を担いでする物売りです。四十二両といえば、たぶん現在だと六百万円ぐらいでしょうか。〈しめた〉と、彼は友だちを集めて大盤振る舞いをしますが、その翌朝、女房は、「財布なんて知らない、友だちに大盤振る舞いをしたなんて、おおかた夢でも見たんでしょう」と言う。それで心を入れ換えた魚勝、好きな酒を断って、一生懸命働き、三年後には店を持つまでになりました。大出世です。

その三年後の大晦日、女房は財布を出して亭主に言います。

「あのとき、この金を使ってしまえば、あなたの怠け癖は一生直らなかった。それに拾った財布を猫糞《ねこばば》すれば、お上からお咎めを受ける。だから大家と相談して、拾った財布はお上に届け、あなたには夢といってごまかした。その財布が、持ち主不明でお上から下げ渡された。腹が立ったら、どうかわたしを殴っておくれ」

ここのところ、なかなか泣かせます。

もちろん亭主が女房を殴るわけがありません。女房に感謝します。そこで女房が亭主に酒

を出す。亭主は三年振りの酒を飲みかけて、

「よそう、また夢になるといけねえ」


というところでオチ。

こんなに長々と紹介する必要はなかったのですが、この亭主の心変わり――酒飲みの怠け者からの変身――を、誰も責める者はいませんよ。人の気持ちは変わっていいのです。

でも、そうは言っても、やっぱり心変わりをしてほしくない場合もあります。

あなただけはと　信じつつ
恋におぼれて　しまったの
こころ変りが　せつなくて
つのる想いの　しのび泣き

バーブ佐竹が歌った「女心の唄」（山北由希夫作詞、吉田矢健治作曲）です。そんなときは、しのび泣きするよりほかなさそうです。男であれば号泣しますか。

ただし、悪質な結婚詐欺のようなものもあります。そんなケースで泣き寝入りはすべきで

はありません。それは犯罪として告発し、司法機関に訴えるべきです。そうするのが市民の義務だからです。

＊

それでもなおかつ、いったい人間はなぜ心変わり、気持ちが変わるのであろうか……と、その理由をあなたが尋ねられるのであれば、わたしは、

「さあ、知りませんね。神か仏に訊いてください」

と答えますね。そして神は、おそらく、

「うるさいことを訊くな！　わしは人間をそのように造ったのだ！　そのように造って、なぜ悪い?!」

と言われるだろうと思います。

あまり変な質問はしないほうがよいと思いますよ。

自殺はなぜいけない？

いったい誰が、「自殺をしてはいけない」と言ったのですか?! 「そんなの常識だろう……」と言わないでください。あなたは、

——世間の常識に騙されてはいけない——

のです。われわれは、

——世間の常識を疑え——

です。一般にそう言われているから、それが正しいんだろう……と思ってはいけません。われわれにそう思わせておいて、自分はちゃっかり得をしている奴がいます。わたしたちはそんな人に騙されてはいけませんよ。

キリスト教の自殺、イスラム教の自殺

世間の人は、キリスト教は自殺を禁じていると思っています。けれども、キリスト教教会が自殺を罪だと言いだしたのは、五世紀になってからです。アウグスティヌス（三五四―四三〇）が登場して、

殺してはならない。

（『旧約聖書』「出エジプト記」20）

といった聖書の言葉を、自殺は自分を殺すことだから罪になると言ったのが始まりです。原始キリスト教教会は、殉教者を称えて、これぞ神の王国への入場券に値すると説いていましたから、自殺を扇動しないまでも、罪悪としていなかったことは確実です。

キリスト教の殉教者に対するこのような称讃は、現在ではイスラム教の過激派に受け継がれています。自爆テロで死んだ殉教者には天の楽園が保証されているというのだから、原始キリスト教とまったく同じです。自分たちが過去にやったことを棚に上げて、異教徒を非難する資格はありません。わたしはそう思います。

自爆テロは明らかに自殺行為です。でも、日本人にそれを非難できるでしょうか。太平洋戦争末期に日本軍が編成した神風特攻隊がまさに自爆攻撃です。そこで死ねば、死者は靖国

神社に英霊として祀《まつ》ってもらえると言い聞かされて、若き特攻隊員は死んでいったのです。日本の歴史を俯瞰《ふかん》してみれば、わたしたち日本人には、自殺行為であるという理由でイスラム教過激派の自爆テロを非難する資格はないと分かるはずです。

それから、元禄十五年十二月十四日（新暦の一七〇三年一月三十日）の赤穂《あこう》浪士の吉良邸への討ち入りが、自爆テロと同じです。四十七士は切腹（自殺）覚悟の上であの暴挙をやってのけたのです。その自爆テロに日本人はいまでも拍手を送るのだから、ますますイスラム教の過激派を非難できません。

ともかく日本人は、昔は自殺を悪とは考えなかった。むしろ汚名をそのままに生き恥をさらすよりは、「潔く死ね！」と、自殺を奨励しました。

この点に関しては、放送作家の永六輔さんが次のように書いています。永さんの国民学校の担任の先生についての記事です。

この先生は竹槍の訓練や体当たりの方法も教えてくれたが、万が一のことがあったらと、切腹の作法や刺し違えて自決する方法まで教えてくれていた。

「鬼畜米英の捕虜になる場合は自決」

僕たち少国民もそう教えられていたのである。

（永六輔『昭和』光文社知恵の森文庫）

それでもその先生は、敗戦の翌日、教室で子どもたちに謝ります。

「戦争は終わった。

日本は勝つと言ってきたが、日本は負けた。先生は勝つと言ってきたが、負けたのだ。

先生は君たちに嘘をついたことを謝る。すまなかった。

先生が生徒に嘘をつくなんて許されることではない」

先生は僕たちに両手をついて頭を下げたのである。

僕たちは顔を見合わせた。

先生は一段と声を張りあげた。

「まもなく陛下が責任をお取りあそばす。先生はその日に、この教壇で切腹をする」

（同上）

しかし、天皇は切腹しませんでした。

前（Before）・後（After）型の倫理

それから、政治的・社会的責任がないのに、たとえば貧困のために自殺せざるを得なくなる。そんなことはあってはなりません。もしも貧困の故に自殺せざるを得ない人がいれば、それはそういう貧困者をつくった政治家の責任です。いま日本で、年間約三万人もの自殺者がいるようです。このうちには、悪い政治の犠牲になって死なねばならなくなった人が大勢おられます。わたしは、彼らは自民党・公明党による悪政の犠牲者だと思います。わたしたちはもっともっと政権与党の政治家を糾弾すべきです。

また、学校でいじめにあって自殺する。あるいは会社で管理職にいじめられて自殺してしまう。そういう人も少なくないようです。これも、いじめをする会社の管理職や、学校で弱い者いじめをするような教育環境をつくった文部科学省の責任です。わたしたちはそういう企業や行政者にバッシングを与え、いじめをなくさないといけません。

わたしは、そのような自殺はあるべきではないと考えます。自殺は悪いことではないと言いましたが、できるだけなくさねばならない自殺もあります。そのことを忘れないでください。

＊

わたしは「ＢＡ型の論理」ということを提唱しています。物事を考えるときに、それが起きる前（Before）と後（After）とでは同じではありません。

かりに自殺する前（B）に、「自殺してよいですか？」と問われるなら、わたしは「自殺すべきではありませんよ」と答えます。

ところが、自殺した後（A）で、「あの人は自殺すべきではなかったのだ」と言う人がいれば、わたしは、「彼は死んでしまったのだから、むしろ『よかったね』と祝福してあげるべきだ」と言いたいですね。わたしは、死者に鞭打つようなことはしたくありません。安らかに眠らせてあげたいですね。

売春はなぜ許されないのか？（体は自分のものなのに）

あわてて「売春防止法」を読みました。

第一条　この法律は、売春が人としての尊厳を害し、性道徳に反し、社会の善良の風俗をみだすものであることにかんがみ、売春を助長する行為等を処罰するとともに、性行又は環境に照して売春を行うおそれのある女子に対する補導処分及び保護更生の措置を講ずることによって、売春の防止を図ることを目的とする。

いちおうここに質問に対する答えが書かれています。売春は、

人としての尊厳を害し――

性道徳に反し――

社会の善良の風俗をみだす――

から許されないのです。読者がこの説明に納得されるかどうか知りませんよ。でも、日本の法律はそう言っています。

それから、「売春防止法」は、売春そのものを罰するとは言っていません。売春をするおそれのある女子に対しては、補導処分か保護更生の措置を講ずると言っています。処罰の対象となるのは、「売春を助長する行為等」です。つまり、女子に売春させて、それで利益を得ようとする輩《やから》が罰せられるのです。どうやらその点が、巷間《こうかん》では誤解されているようです。

必要性の有／無と、善／悪

さて、日本の法律は売春を禁じていますが、諸外国のうちには売春を公認している国もあります。

そして、その売春公認の国へ旅行した日本人の行動が恥ずかしいですね。日本人の一団は旗を立てて、まっしぐらに買春に出かけます。一人で行くのは怖いので、集団で行くのです。ドイツ人やフランス人が買春に行かないわけではありません。彼らだって行きますが、でも単独で行きます。ところが日本人は集団で買春に出かける。だから日本人はかつて「セックス・アニマル」と嘲笑されたのです。

じつは、売春は公認されていても、それは売春の必要性を是認しただけの話で、売春そのものが恥ずかしい行為であることには変わりがありません。だから、フランス人やドイツ人はこそこそっと行動する。一方、日本人は集団で堂々と行動します。なんの羞恥心もありません。それが故にセックス・アニマルと呼ばれたのです。

ところで、必要性の有／無と、善／悪の問題は、まったく違っているのです。世の中には、「必要だけれども悪」というものが数多くあります。この必要悪ということが、日本人には理解できないようです。

わたしは昔、経済評論家と自称する男（あえて名前は明かしません）と対談して、

「人間と人間、仲間どうしが競争するなんて、悪いことだ」

と発言しました。するとその男は、資本主義社会が発展するためには競争が必要だ、とえらい剣幕でまくし立てます。わたしは、「あなたが競争の必要性を主張するのは認める。しかし、わたしが主張するのは、競争は悪だということだ。つまり競争は必要悪だ。それならいいだろう」と言いましたが、彼は頑として聞きません。

「必要ならばいいことではないか。それを悪と言うのは許せん」

と頑《かたく》なな態度です。それで対談は打ち切らざるを得ませんでした。

日本人はどうも「必要悪」が理解できず、「必要ナラバ善」と思ってしまいます。

たとえば、場合によっては嘘をつくことも必要かもしれません。父親ががんになった。で

も、「あなたはがんになった」と告げると、父親は生きる気力を失ってしまう。そのようなとき、息子が、

「お父さん、病気はがんじゃないよ」

と嘘をつくことも必要かもしれません。しかし、嘘をつくことは、やはり悪いことです。だから、これは必要悪なんです。

ところが日本人は、嘘をつくことの必要性を認めると、

「必要なんだろう。じゃあ、嘘をついたっていいではないか?!」

となってしまうのです。

それと同じで、ある国では売春の必要性を認めています。すると日本人は、「必要ナラバ善」の論理でもって、あたかも売春が善になったと思ってしまうのです。おかしいですよ。たとえ売春の必要性が認められても、売春そのものは善にはなりません。悪とは言わないまでも、恥ずかしいことです。だからこそこそっと行くべきです。

でも、日本人にはそれが分からないようです。困った日本人ですね。

＊

お分かりとは思いますが、

必要／不必要の判断は……政治的判断です。

善／悪の判断は……宗教的・倫理的判断です。

その肝心の区別が、日本人には分かっていないのですね。

本当に体は自分のものか？

それから、この質問には、

(体は自分のものなのに)

といったコメントが付いています。ここのところに、わたしは宗教心の問題があると思います。

ほとんどの人が、自分の体は自分のものだと思っています。しかし、それは信仰を持っていないからです。宗教心のある人は、

――自分の体は、仏や神からお預りしているもの――

と考えます。自分の体や命は、自分のものであって自分のものではないのです。たんにお預りしているだけです。

わたしは仏教者だから、自分の命や体は仏からお預りしていると考えます。

だから、迷ったときには、仏と相談します。

かりに、わたしが自殺したくなれば、

「わたしは自殺したくなりました。わたしは自殺してよいでしょうか？　それとも、苦しくても、このまま生きていくべきでしょうか？」

と仏に相談する。しかし、そう簡単に仏は応答してくれません。仏に相談する気持ちでいろいろと仏典を読んで、熟慮に熟慮を重ねた末に、仏が「自殺してよい」と言われたら、わたしは自殺するつもりです。「生きよ！」と命じられたら、生き続ける気でいます。

だから、売春したいのであれば、その人はどうか、

「わたしは売春したくなりました。神よ、神からお預りしたわたしのこの体を、売春のために使ってよいでしょうか？」

と、神仏に相談してください。そして許可が得られたら売春する。それが宗教者の態度です。

売春してはいけない——などとわたしは言いません。しかし、宗教心のない人でも、どうか自分の良心と相談してください。その上で、売春・買春をする／しないを決めるとよいでしょう。

戦争はこの世界からなくならないのか？

戦争は真っ平ごめんだ——

世界が平和であってほしい——

わたしたち庶民はそう願っています。

だが、この世界から戦争はなくなりません。新聞を見れば、世界のあちこちで戦争が起きています。

朝鮮民主主義人民共和国が原爆や水爆の実験をやるたびに、世界のあちこちの国がものすごいブーイングを浴びせます。そして新聞は、「核兵器廃絶」の流れを阻止するものと、それを非難します。しかし、核兵器を所有しているアメリカやイギリス、フランス、ロシアに対しては、別段非難を加えません。非難するのであれば、まずそれらの諸国です。最初にアメリカ、イギリス、フランス、ロシアの核兵器を捨てさせて、そのあとでイスラエル、中国、インド、そして朝鮮民主主義人民共和国の核兵器を廃棄させる。それが順番だとわたしは思います。いちばん最初に核兵器を所有し、しかもそれを日本に対して使用したアメリカが、諸悪の根源です。他の国は核兵器を所有し、実験はやりましたが、まだそれでもって外国を攻撃してはいません。だから、アメリカのほうが罪が大きいのです。

それに、われわれ庶民の願いは、核兵器廃絶にあるのではなく、「戦争廃絶」にあります。欧米の人々は、核兵器以外の武器によって戦争をしてもよいかのように思っていますが、それはおかしいでしょう。いかなる兵器によろうと、われわれは戦争そのものに反対します。それが庶民の願いです。わたしはそう思いますが、それに文句がありますか……?!

戦争を考察するのに必要な観点

しかし、現代の政治家の多くは、わたしの意見を唾棄《だき》すべきものと考えるでしょう。なぜなら、

——政治家にとって、戦争することがどうしても必要——

だからです。したがって、戦争を放棄した政治家は、カレー粉の入っていないカレーライスのようなもので、政治家とは言えないのです。

昔、わたしは、学生時代に勉強したクラウゼヴィッツ（一七八〇—一八三一）の『戦争論』（全三冊、

篠田英雄訳、岩波文庫）によって、「戦争」というものを考えていました。クラウゼヴィッツはプロイセンの軍人で、この『戦争論』はエンゲルスやレーニンにも大きな影響を与えたと言われています。

彼は戦争を、「敵の完全な打倒を目的とする戦争」と、「敵国の国境付近において敵国土の幾許《いくばく》かを略取しようとする戦争」の二種類に分類しています。だが、いずれの戦争であれ、戦争を考察するのに必要な観点は、

戦争は政治的手段とは異なる手段をもって継続される政治にほかならない。

だと彼は言っています。つまりクラウゼヴィッツは、戦争を政治の延長線上に捉えているのです。

その点では中国、春秋時代の兵法家の孫子《そんし》（孫武《そんぶ》）が同じで、彼は、

百たび戦闘して百たび勝つというのは、最高にすぐれたことではない。戦わないで敵兵を屈服させることこそ、最高にすぐれたことなのである。（町田三郎訳『孫子』中公文庫）

と言っています。ですから、クラウゼヴィッツにしろ孫子にしろ、戦争（戦闘行為）は避

けられるだけ避けたほうがよいと考えているのです。戦争は必ずしも必要ではありません。

第三次世界大戦はすでに始まっている?

だが、現代の戦争は違います。現代の戦争は、クラウゼヴィッツが言うような、敵国の完全な殲滅《せんめつ》を目指したものではなく、また領土の獲得を目的としたものでもありません。

では、現代の戦争は何を目的としていますか? わたしは、それは、

――戦費の浪費、兵器の消耗――

だと思います。ドンチャンバチバチ弾を撃つ。戦闘機が撃墜される。あげくは兵士が死ぬ。それによって損失が発生しますが、同時にその損失によって軍備が拡大されます。そしてそれが経済を潤すことになります。それが目的で、現代においては戦争が行なわれるのです。

アメリカの、国家予算に占める軍事費の比率を考えてみてください。世界に戦争があるから、かくも莫大《ばくだい》な軍事予算が組めるのです。そして、軍需産業は、国家が莫大な予算を組んで兵器を買ってくれるのだから、戦争大歓迎です。彼らにとっては戦争がなくなっては困るのです。

この軍需産業が政治家を動かしているのです。つまり政治家は、軍需産業の操り人形です。

わたしは先程、政治家にとって戦争をすることがどうしても必要だと書きましたが、これ

は正確に言えば軍需産業にとって戦争が必要なんです。しかし政治家は、その軍需産業の意を体して、国民に戦争の必要性を喧伝《けんでん》します。二〇一六年の現在、安倍晋三首相が戦争をやりたがっているのは、彼が軍需産業と手を結んでいるからです。

いいですか、フランスという国は、局地的な紛争があれば、交戦勢力の双方に武器を売りつけています。軍需産業は〝死の商人〟と呼ばれていますが、交戦によって武器が消耗されればされるほどうれしい。まさに「死」を商品化した人たちです。彼らにとって、戦争は死者が多いほどうれしいのです。人が死ねば、やはり葬儀に金がかかります。それだけ景気がよくなるのです。

だから、軍需産業の要請があるかぎり、戦争はなくなりません。この点では、わたしは大の悲観論者です。

＊

では、どうすればよいのか？

そう問われても困ります。うまい方法があるわけではありません。

まあ、わたしたちの真の敵は軍需産業――死の商人――です。その軍需産業の勢力を少しでも弱めることができれば、平和に一歩近づくことになります。そのためには、軍需産業の意を体して動く安倍首相のような人に一票を投じないこと。わたしにできるのはそれだけです。わたしは生まれてからこれまで、自民党に一票を投じたことはありません。わたしはそれでもって平和運動を支援しています。

そして、そのうちに第三次世界大戦が起きて——じつはわたしは、第三次世界大戦はすでに二〇〇一年九月十一日から始まっていると思っています——、世界全体の秩序が崩壊するだろうと予測しています。そしてその廃墟の中から、平和な世界が建設されるだろうと期待しています。残念ながら高齢者のわたしは、その平和な世界の片鱗《へんりん》すら見ることはできませんが……。

国や立場が違っても、変わらない正義は存在しますか？

いかなる時代、いかなる場合でも通じる「正義」があるか？　そんな質問ですが、そんなもの、あるわけがないじゃありませんか。もう何度も、耳に胼胝《たこ》ができるほど言ってきましたが、アメリカは太平洋戦争において、もう戦闘能力を失っている日本の大都会を空襲し、多くの市民を殺戮し、最後には広島・長崎に原爆を投下し、何十万人という無辜の人間を殺しました。アメリカ人からすればそれが正義なんでしょうが、われわれ日本人からすればアメリカ人は悪魔です。「正義」とはそういうものです。Aにとっての正義はBにとっての不正義。Aにとっての不正義がBにとっての正義。そういうことはよくあることです。

昔の正義と現在の正義は違います。戦争中の日本においては、「贅沢《ぜいたく》は敵だ！」ということで、欲望を抑えることが正義とされていました。しかし高度経済成長時代になると、「贅沢は素敵だ！」ということで、むしろ贅沢のほうがよくなったのです。

そういえば、戦争中は「鬼畜米英」といって、アメリカ人、イギリス人を鬼や畜生にしていたのですが、敗戦後の日本人はすっかり親米国、親英国になってしまいました。

正義というものは、時代とともに変わり、また国によって違います。いつの時代、いかなる場所にも通じる正義なんて、あるはずがありません。そんなこと、分かりきったことですよ。

人のうちに正しい者はいない

『旧約聖書』の「ミカ書」(7)には、

主の慈《いつく》しみに生きる者はこの国から滅び、人々の中に正しい者はいなくなった。

とあります。元玉川大学教授の前島誠氏は、玉川大学における最終講義において、この、——ヴェヤシャール・バアダム・アイン(人のうちに正しい者はいない)——を、ユダヤ思想の真髄だと言っておられます(『春秋』一九九九年五月号)。

ということは、ユダヤ教においては誰も正しい者はいないし、正義なんてないのです。

わたしたちは他人と対立したとき、おおかたは相手が悪いと思ってしまいます。その背後

にあるのは、

〈俺のほうが正しいんだ〉

といった意識です。自分が一〇〇パーセント正しいと思えば、相手を許容できません。けれども、「人のうちに正しい者はいない」のです。一〇〇パーセント正しい者はいません。自分の正しさは八七パーセント、相手だって八四パーセントぐらい正しいと思えば、話し合いの余地があります。『旧約聖書』はそのことを言っているのです。

いや、『旧約聖書』を読んでいてびっくりするのは、そこに登場する人がみんな「正義の人」ではないことです。たとえばイスラエル王国第二代の王のダビデ（在位は前一〇〇〇—前九六〇頃）は、美しい容姿で、琴の名手、弁舌に秀《ひい》でた勇敢な戦士です。でも、彼は相当のワルなんです。人妻と浮気をし、その人妻が妊娠すると、戦場にいる夫の殺害を命じました。わたしたちは、そんなダビデが「王の理想」として『旧約聖書』に登場するのが不思議ですが、ちょっと視点を変えると、

――『旧約聖書』は、人間のうちに完全に聖なる者、正しい者はいない。聖なる存在は神だけである。そのことを述べているから「聖書」なんだ――

ということが分かるでしょう。

いいこともやるが、まちがいもする人間――。そういう人間観がいいと思います。

「正しいこと」の決め方

わたしは中学生のとき、社会科の教師に、

「かりに2たす2が5だと多数決で決まれば、それが正しいのですか?」

と質問しました。だが、教師はわたしが満足できる回答を与えてくれません。彼は、

「多数の人間がそんなまちがいをするはずがない」

と言うだけです。わたしは、これは「仮定」の問題だと主張したのですが、教師は「そんな仮定はおかしい」と取り合ってくれません。

でも、その後、わたしは、古代ギリシアの哲学者のソクラテス(前四七〇頃―前三九九)を死刑にしたのは、多数決による裁判の結果だということを知りました。また、ヒトラー(一八八九―一九四五)を指導者とするナチス(国家社会主義ドイツ労働者党)が政権を握ったのも、多数の民衆の合法的な支持によるものです。だから、「多数の人間がまちがいをしでかすはずがない」といった多数決原理に対する盲信がいかに誤ったものであるか、昔の中学の社会科教師に教えてやりたいですね。

多数決原理によって決められた決議は、それが正しいこともあれば、まちがっている場合もあります。そのことを忘れないでください。

何で読んだか忘れてしまったのですが、誰かが、

民主主義というものは、四匹の狼と一匹の羊が夕食のメニューを相談して決めるようなものだ。

と言っていました。けだし名言です。四匹の狼は多数決でもって、「今夜は、ひとつ、おいしいマトン（羊の肉）を食べよう」と決めます。食べられる羊がかわいそうです。

日本の政治がこれに似ています。わたしは、多数の意見を尊重するのはエセ民主主義で、多数の横暴以外の何ものでもないと思います。真の民主主義は、少数意見の尊重にあります。たとえ一匹でも、「わたしは食べられたくない」と言う羊がいれば、四匹の狼は羊を食べてはいけません。けれども現在の自民党は、弱者の羊を平気で犠牲にする政党です。あんな政党に投票した羊が馬鹿なんです。まあ日本の羊は、自業自得ですよね。わたしはあまり羊に同情しません。

それから、中学生のときにわたしが起こした疑問ですが、その後のわたしはこのように考えています。

まず、多数決原理とは、多数の意見を正しいとする原理ですね。そうすると同語反復的に次のようになります。

——多数の意見を正しいとする多数決原理は、多数の意見を正しいとしてよい問題だけに適用できる――

では、「2たす2は4か／5か」は、多数の意見を正しいとしてよい問題でしょうか。これは数学の問題であって、数学の問題は多数決でもって解くことはできません。だから、いくら多数が5を主張しても、それは正しくないのです。

そうすると、たとえば、

脳死は人の死か／否か？

日本には原子力発電所が必要か／否か？

沖縄ばかりに軍事基地を押し付けてよいか／悪いか？（沖縄県は国土面積の〇・六パーセントです。そこに在日米軍〔専用〕基地の七四パーセントがあります）

といった問題を、政府与党の都合だけで多数決で決めてよいでしょうか？　もっとも、これを多数決で決めてよいという意見も成り立つでしょう。わたしはそうは思いませんが、どちらが正しいとも言えませんね。しかし、いずれに決まったにせよ、それが絶対に正しい、それが一〇〇パーセントの正義だと思わないでください。世の中には一〇〇パーセントの正義なんてありません。まあ、七〇パーセントか、せいぜい八〇パーセントの正義です。わたしはそう考えています。

他人に迷惑をかけなければ、何をやってもよいのか？

本当にあなたが誰にも迷惑をかけていないのであれば、あなたは何をやってもよいでしょう。だが、あなたは、

「わたしは誰にも迷惑をかけていない」

と断言できる自信がありますか……？　もしもあなたが、〈わたしは誰にも迷惑をかけていない〉と思っているのであれば、あなたは何が迷惑なのかをさっぱり分かっていないのです。そういうあなたは独善的な人だと、わたしは非難したいですね。

もう四十年も昔の話です。大阪にいる母を訪ねて行くと、母はわたしに、

「このあいだ、ポックリ寺にお参りに行ってきたんや」

と報告しました。ポックリ寺というのは、ぼけ封じの寺です。当時、母は六十を過ぎていました。

「なんでポックリ寺なんかにお参りに行ったんや？」

「ぼけたら、みんなに迷惑をかけるやろ。そやから、ぼけないようにお願いしてきたんや」

「あんな、お母ちゃん。自分がぼけたら、子どもたちに迷惑をかけると思うてる。それがまちがいなんや」

「……？」

「お母ちゃんは、生きてるだけで迷惑をかけてるんやで……」

わたしのその言葉に、母は「ぎょっ」としました。

「阿弥陀さんに免じて」

わたしは次のように説明しました。

人間は誰だって、生きているだけで迷惑な存在なんです。たとえば、わたしが大学入試に合格します。するとそのとき、確実に誰か一人は不合格になります。わたしの合格によって、その人は迷惑を受けているのです。

会社に入社することだって同じです。誰かが入社できれば、誰か一人は入社できなくなります。だからといって、わたしは入社するな、合格するなと言っているのではありません。そうではなくて、競争のある社会においては、わたしたちは他人に迷惑をかけずに生きることはできないのです。その冷然たる事実を知っておいていただきたいのです。

高校野球でどこかのチームが優勝すれば、残りの全チームに迷惑をかけています。優等生は劣等生に迷惑をかけているのです。わたしの母にすれば、母が元気に生きていてくれることは、子どもたちにとって喜びです。うれしいことです。でも、母がいれば、子どもは母のことをいろいろと気遣わねばなりません。また仕送りもせねばならない。それがいやだと言うのではありませんが、客観的に迷惑です。もちろん、母が死んだあと、わたしは淋しいことは淋しいです。しかしわたしは、〈わたしは元気にいるから、誰にも迷惑をかけていない〉と、そんな独善的な考えをしてほしくなかったのです。だからわたしは母に、

――人間は生きているだけで迷惑な存在なんだ――

ということを知っておいてほしかった。それで、そんなふうに言ったのです。

そう説明したあと、わたしは母に言いました。

「だから、お母ちゃんがいますべきことは、ぼけ封じのお寺にお参りすることと違うで。ぼけるか／ぼけないか、そんな未来のことは心配せんでもかめへん。未来のことは阿弥陀さん（阿弥陀仏）にまかせておいたらええんや。

お母ちゃんは、いま子どもたちにこう言うべきなんや。

『わたしがぼけるか／ぼけないかは、阿弥陀さんが決めてくれはることや。そんでも、もしもわたしがぼけたら、みんなにいま以上の迷惑をかけるわな……。そのときは許してや』

いま、ぼけない前に、お母ちゃんはぼくら子どもに、そう言うとき。それが本当のやさしさなんや……」

母はわたしの言葉を理解してくれました。そして子どもたちに、

「ぼけたら、いま以上に迷惑をかけることになります。でも、そのときは、阿弥陀さんに免じて許してちょうだい」

と言ってくれました。だいぶ昔の思い出です。わたしにとって、いい思い出として残っています。

強者と弱者の権利と義務

わたしは、いま日本のエリートが、

——他人に迷惑をかけなければ何をやってもよいのだ——

と考えている、その考えが日本の社会を殺伐たるものにさせていると思っています。エリートは、もっと弱者に思い遣りを持つべきです。弱者に対する思い遣りを欠いたエリートは、真の強者と言うことはできません。

すでに述べたように、優等生は劣等生に迷惑をかけています。優等生が一流大学に合格すれば、落ちた人間は悔しい思いをします。自分は、落ちた人間の悔しさの上で合格したのだ

と、合格者はそう思うべきです。そして、彼はしっかりと勉学に励み、自分の勉学の成果を社会に還元させる。それが合格者の義務です。

その義務を、フランス語で、

――ノブレス・オブリージュ――

と言います。訳せば「高貴なる者の義務」。高貴なる者、すなわち社会的にステイタス（地位）の高い者には、それだけ大きな義務が課せられているというのが、このノブレス・オブリージュです。

たとえば、イギリスは階級社会で、ジェントルマン（貴族）とパブリック（庶民）に分かれます。貴族は普段は贅沢な生活をしていますが、いったん国家の危機に際しては、真っ先に軍隊に志願して、最前線で戦わねばならない義務があります。だからイギリスのアンドリュー王子は、一九八二年のアルゼンチンとのフォークランド戦争のとき、真っ先に軍艦に乗り込んで戦場に赴いています。

また、イギリスでは、第一次世界大戦、第二次世界大戦を通じて、戦場における致死率は、庶民よりも貴族のほうが高かったそうです。それだけ貴族のほうが義務が大きいのです。

それから、イギリスの酒場には、パブリックとジェントルマンが壁で仕切られているところがあります。同じ酒場なのに、ジェントルマンのほうでは三倍くらい高い料金を払わせられて、しかも紳士らしく静かに酒を飲まねばなりません。一方、パブリックのほうは、みんなで陽気にわいわいと酒を飲むことができます。仄聞《そくぶん》するところによると、日本の国会議員がジェントルマンのほうに入って——わしは金を持っとるさかいに……ということで——、大声でわめいたもので、

「お客さま、お帰りください」

とつまみ出された。するとその議員は、「酒を飲んで騒いで、どこが悪い?!」と言ったそうです。彼にはノブレス・オブリージュが分かっていないのです。

それから、酒場においてジェントルマンに入るかパブリックを選ぶか、それは自己申告制です。ということは、ジェントルマンらしく振る舞うことのできる人間がジェントルマンを選択します。自分でジェントルマンを選んでおいて、そのくせジェントルマンらしく振る舞うことのできない日本の国会議員などは、つまみ出されて当然です。

要するに、いかなる社会にも強者／弱者、勝者／敗者、優等生／劣等生、エリート／ノン・エリートの差があります。その差をなくして平等にしろという主張も、ソヴィエト連邦や昔の中国にはありましたが、いまではそういう主張はほとんどありません。しかし、たいていの社会では、

権利に関しては……すべての人が平等であるべきだ、

義務に関しては……強者・勝者・エリートのほうが大きい、

と考えられています。ところが、日本においては、一部では累進《るいしん》税のように高額所得者（す

なわち強者・勝者）に義務を大きくしている部分がありますが、全体的にノブレス・オブリージュの観念がありません。つまり日本は、強者がのさばり、弱者がみじめな思いをさせられるいじめ（弱い者いじめ）社会だと思います。弱者にとって非常に迷惑な社会です。わたしは、そういう日本は好きではありません。そういう日本に愛国心なんか持てっこないですよ。

人は「老い」にどう向き合うべきか？

〝四苦八苦〟という言葉があります。日常語としては、これは、

《①非常に苦しむこと。大変苦労すること。「金策に―する」（『大辞林』）》

といった意味です。けれどもこの語は本来は仏教の言葉です。

仏教語としての〝四苦八苦〟は、最初にまず、

1　生苦《しょうく》……生まれることの苦しみ。ときにこれを「生きることの苦しみ。人生の苦しみ」と解する人がいますが、原語の〝ジャーティ〟は「生まれる」といった意味で、やはり「生まれることの苦しみ」と解すべきです。

2　老苦……老いる苦しみ

3　病苦……病む苦しみ

4　死苦……死の苦しみ

といった「四苦」があります。すなわち、「生・老・病・死」の苦しみです。

さて、「生苦」は、過去に体験した苦しみです。わたしたちは誰もが、母親のあの狭い産道を通過したときに苦しんだはずですが、もうそれを覚えていません。でも、苦しんだことにはまちがいはありません。

そして四番目の「死苦」は、未来の苦しみです。本当に、死ぬときに苦しむのかどうか、それは分からないのですが、まあみなは死ぬときに苦しむものと思っています。

この「生苦」と「死苦」のあいだにある現在の苦しみが、「老苦」と「病苦」です。

「苦」とは思うままにならないこと

仏教はこの「四苦」でもって、人間の生存そのものが苦しみであると言っています。

ところが、そこで疑問が出てくるのは、なるほど人生は苦しみです。それはそうですが、でも人生には結構それなりに楽しいこともあるではないか?!　それなのに「苦」ばかりを強調するのは、ちょっとペシミズム（厭世《えんせい》主義）に過ぎるのではないか?!　ということです。

わたしも昔はそう思ったことがあります。じつは、漢訳仏典で〝苦〟と訳された言葉の原語のサンスクリット語の〝ドゥフカ〟は、「苦しい」といった意味ではなく、

――思うがままにならないこと――

といった意味なんです。わたしたちは老いたくないと思っても、思うがままになりません。死にたくないと思っても、思うがままにならない。にもかかわらずわれわれは、その思うがままにならないことを思うままにしたくなる。そうすると苦しみが生じます。それ故、中国人は、サンスクリット語の〝ドゥフカ〟を〝苦〟と訳したのです。

つまり、わたしたちは老いたくない、いつまでも若くいたいと願います。それが老いを「老苦」にしているのです。思うがままにならないことを思うがままにしようとしなければ、苦しむことはありません。「老い」とどう向き合えばよいかに対して、以上が一つの回答になります。まあ、すんなりと老いればよいのです。若さを保つためにサプリメントを服《の》んだり、あれこれ対策を講じるというのは、苦（思うがままにならないもの）を苦（思うがままにしよう）にしているのです。やめたほうがよさそうですね。

――老いを苦にするな！――

わたしは、それが「老い」と向き合う妙法だと考えます。

人生、一切皆苦

ついでに、残りの「四苦」を解説しておきます。

5 愛別離苦《あいべつりく》……愛する者と別離せねばならぬ苦しみ。親が先に死ぬか、子どもが先か、できれば年寄りのほうから先に死にたいのですが、これは思うがままにはなりません。愛する夫婦の二人も、飛行機事故のような特殊な場合は別にして、いずれかが先に死にます。そして残された者は悲しみの涙を流さねばならない。これはどうしようもないことです。世の中には厳として愛する者との別離の苦しみがあるのです。

6 怨憎会苦《おんぞうえく》……その反対が怨み憎む者に会わねばならぬ苦しみです。わたしは、人を怨んだり、憎んだりしてはいけないと思い込まされてきたのですが、仏教を学び始めたとき、釈迦が、世の中には怨み憎む者に会わねばならぬ苦しみがあるんだよと、あたりまえの事実認識を説いているのを知って、なぜか「ほっ」としたことがあります。われわれには怨み憎む者がいます。職場にだっているし、サークルにだっています。そして、そんな奴に会いたくないと思っても、思うがままになりません。だから「苦」なんです。

7 求不得苦《ぐふとくく》……求めるものが得られない苦しみです。求めるものは財物であったり、地位・権力であったり、名声であったりしますが、それが手に入らないで苦しむのです。だが、実際は、あんがいわたしたちは求めるものを手に入れているのです。しかし、課長になりたいと思っている人が課長になっても、それで満足する人は少ない。たいていの人は、次には部長になりたいと思い、部長になれば局長と、欲望がどんどん増大します。年収一千万円を目指していた人は、それが叶えられると年収三千万円に欲望が膨らむ。そして苦しむはめになります。

8　五取蘊苦《ごしゅうんく》……これは五陰盛苦《ごおんじょうく》、五盛陰苦《ごじょうおんく》ともいわれ、現実の世界を構成する五つの要素が苦であることを言ったものです。それはつまり四苦八苦のすべてが苦であると言っているので、これを「一切皆苦」と要約してよいでしょう。人生も、人間の存在そのものも、すべてが思うがままにならないのです。

なお、「四苦八苦」といえば、合わせて十二苦があるように思われそうですが、そうではありません。「生・老・病・死」という人間存在そのものに関する「四苦」と、やや副次的・現実的な「四苦」を合わせて「八苦」になるのです。

「老い」が完治するとは

では、われわれはどうすればよいのでしょうか……？

人生も、人間存在そのものも、思うがままにはなりません。これは事実の問題であって、だからそれは「苦」ではありません。ところが、われわれはその思うがままにならないことを思うがままにしたいと思い、そしてあれこれ画策します。すると、そのとたんに「苦」になるのです。

だから、思うがままにならないものを思うがままにしようと思わなければよろしい——。

それが結論になります。

ということは、「老い」と真剣に向き合ってはいけないのです。真剣に向き合うことは、何かを画策していることになります。つまり、思うがままにならないことを、なんとかして自分の思う方向に引っ張って行きたいと思っているのです。それじゃあ、ますます老いが「苦」になります。

だから、何もしないほうがいいのです。

ごく自然に老いと付き合うこと。わたしはそれが良策だと思います。

譬喩《ひゆ》でもって説明します。

病気の例がいいでしょう。病気になって、その病気と真剣に向き合う人がいます。つまり治療に励むわけです。そうすると病気が「苦」になります。

わたしの子どものころ、ちょっとした風邪をひいても、子どもは平気で外で遊んでいました。三十八度の熱ぐらい、それほど気になりません。そして、そのうちに病気は治っていました。

だが、現代の親たちは、子どもの健康管理にあまりにも気を使い過ぎます。三十七度も熱があれば、学校を休ませ、子どもを寝床に縛り付けます。病気と真剣に向き合うのです。その結果、病気が長引くことになります。

薬を服むのも病気を長引かせます。わたしは医師の中村仁一氏と共著で本を出版しました。ひろさちや・中村仁一共著『しっかり死ぬということ』（李白社）です。そのとき中村仁一氏から教わったのですが、風邪薬を服用すると、症状は軽くなるが、完治までに時間がかかるそうです。それは高い山を登るのに、なだらかな坂をゆっくり登るのと同じです。風邪薬を服用しないと、その高い山を急な坂道を選んで登るのと同じで、高い熱が出て、汗をかき、ちょっとしんどい思いをしますが、かえって短い時間で完治します。同じ高さを登るのに、なだらかな坂を選ぶか急な坂を選ぶかの違いがあります。わたし自身は薬屋の息子なもので、つい薬を服用しますが、中村氏は薬なんか服まない主義だと教わりました。仏教的な意味では、わたしは中村氏に大賛成です。

まあ、ともかく、わたしたちは病気になって、病気と真剣に向き合い、治療に励みますが、もっと自然体のほうがいいのではないでしょうか。病気を気にせず（苦にせず）、何かに打ち込んでいれば、たいていの病気は自然に治癒します。人間には自然治癒力がそなわっているのですよ。

それと同じで、「老い」も気にせず（苦にせず）、わたしたちは自然体でいればいいと思います。そのうちに「老い」は完治します。「老い」が完治するということは、死ぬことです。人間の死亡率は一〇〇パーセントです。「老い」が完治して「若さ」になるなんてことは、絶対にありませんよ。

第三章
のんびり、ゆったり

欲望は人間の生きるエネルギーになるか？

〝煩悩《ぼんのう》〟といった日本語を英語にすれば、いろいろと訳語が考えられるでしょうが、その一つに〝worldly desires〟があります。これは「世俗の欲望」です。

そうすると、この〝世俗の欲望 worldly desires〟に対して、われわれは〝天上の欲望 heavenly desires〟といったものを考えることができます。「世俗の欲望」は低俗であり、貪欲であり、ぎらぎらした欲望です。それに対して「天上の欲望」は高尚で、私欲がなくて清廉であり、あっさりとした欲望です。無理に区別すれば、欲望には二種あることになりますね。

さて、欲望が人間の生きるエネルギーになるとして、その欲望に二種があるのであれば、どちらの欲望をエネルギーにするかによって、人間の生き方は大きく変わってくるはずです。世俗の欲望——要するに煩悩です——をエネルギーにした人は、生活の快適さを求めるでしよう。冷暖房完備の豪邸に住み、別荘を持ち、デラックスな車をドライバーを雇って運転させる。おいしい物を鱈腹《たらふく》食べ、衣服も上等。もちろんそのためには金が必要です。だから億万長者になりたい。たぶんそれが現代日本人の大半だと思います。そこで日本人はかつて外国人から、

――エコノミック・アニマル――

と呼ばれていました。この〝エコノミック・アニマル〟を日本語にどう訳せばいいか、わたしは考えてみました。そこで思いついたのが、

――金畜生《こんちくしょう》――

です。〝アニマル〟は〝動物〟と訳すより〝畜生〟と訳すべきです。世俗の欲望にまみれた現代人は金畜生になっています。そしてあくせく、いらいら、がつがつと生きています。世俗の欲望はそういう生き方のエネルギーになっているのです。

「天上の欲望」の使い方

では、天上の欲望は、どういう生き方のエネルギーになるでしょうか?

わたしは、昔読んだインドの民話を思い出します。

九十九頭の牛を所有する金持ちがいました。彼は、九十九頭を百頭にしたくて、わざとお

細々と生きています。幼馴染は一頭の牛を所有して
んぼろの服を着て、貧乏人になりすまして幼《おさな》馴染《なじみ》を訪ねます。幼馴染は一頭の牛を所有して細々と生きています。

金持ちは幼馴染に、自分は落ちぶれて困っているから助けてくれと泣きつきました。すると幼馴染は気のいい男で、「女房と力を合わせて働けばなんとかなる」ということで、全財産の一頭の牛を金持ちに布施《ふせ》しました。で、金持ちと幼馴染と、いずれが幸せでしょうか？　と、インドの民話は問いかけています。

答えは明らかです。九十九頭の牛を百頭にした金持ちは、次にそれを百五十頭にするために、あくせく、いらいら、がつがつと働かねばなりません。それは現代日本人の生き方です。一方、幼馴染は、女房と力を合わせて働きながら、毎日、ゆったり、のんびり、ほどほどに生きることができます。このゆったり、のんびり、ほどほどの生き方こそ、天上の欲望がもたらしてくれたものです。わたしはそう思います。

幼馴染に欲望がないわけではありません。けれども、金持ちが世俗の欲望にまみれているのに対して、幼馴染の欲望はほどほどの欲望です。そのほどほどの欲望——天上の欲望——が、わたしたちに幸せをもたらしてくれると思います。

そうですね、いま、ふと思い付きました。二つの欲望の差は、

世俗の欲望は……ブレーキのない、アクセルだけの欲望

天上の欲望は……ちゃんとブレーキのついた欲望

といえばよいでしょう。日本人は高度経済成長時代からこのかた、「もっと、もっと」ということで、アクセルばかりを踏み続けてきました。日本人の欲望にはブレーキがありませんから、もう制御がきかなくなっています。いまにきっと崖から転落するに違いありません。わたしは日本の未来を悲観しています。

「少欲知足」から「大欲大楽」へ

わたしたちは、欲望が充足されると幸せになると思っています。

けれども、それは違います。前章で述べたように、われわれはひとまず欲望が達成されると、さらにより以上の欲望が生じてきます。課長になった者は次に部長に、年収一千万円を得るようになった者は、「いや、やっぱり三千万円ぐらいは欲しい」と欲望が膨らみます。それでますます欲求不満になります。

それ故、仏教においては、われわれに、

——少欲知足——

を教えます。あなたの欲望をほんの少しでいいから少なくしてごらん。そして足《た》るを知る心を持ちなさい。そうすれば幸福になれるよ。それが「少欲知足」です。

これが仏教の根本の教えなのですが、でもそれがちょっと禁欲的な教えであることが、多くの人々にアピールしません。「欲望のセーブ（抑制）」なんてことを言えば、多くの人がうんざり顔です。

それでわたしは、最近は密教の言葉を藉《か》りて、

――大欲大楽――

を提唱しています。あなたは大欲、すなわちデッカイ欲望を持ちなさい。そうすれば大楽、大きな幸福が得られますよ。そういう提唱だと、多くの人が耳を傾けてくれます。

その上で、少しコメントを付けます。

まず〝大欲〟というのは、本当はデッカイ欲望ではありません。

「きみは、年収三千万円が欲しいだなんてミミッチイ欲を持っているが、もっとデッカイ欲を持て！　年収一億円ぐらいを目指すべきだ」

それが大欲を持つことだと錯覚していますが、それはまちがいです。大欲というのは、大きい／小さいを超越した欲望です。

現代日本は猛烈なる競争社会になっています。その中で生きるわれわれは、ついつい他人に勝った／負けたと、そればかりを考えるようになります。だから、幸福も、「わたしはYさんよりも幸福だ。けれども、Zさんのほうがわたしより幸福だ。だから、わたしはZさんを追い抜きたい」となってしまいます。そんな比較の上での幸福は、真の幸福ではありません。

ユダヤのジョークに、こんなのがあります。

Aさんに神が言われた。

「おまえの願いは何なりと叶えてつかわす。おまえが『一億円欲しい』と願えば、すぐに一億円をおまえに授ける。ただし、言っておくが、おまえに授けた二倍を、隣のBに叶えてやることになっている。つまり、おまえに一億円やれば、Bには二億円やることになっている。そのことをよく考えて、おまえは願いを言え！」

Aさんは困りました。そこでAさんが神に質問します。

「では、わたしが災厄を願えば、隣のBさんは二倍の災厄に見舞われるのですか？」

「その場合は、そうなるな……」

「では、神さま、どうかわたしの片眼を潰してください」

Aさんはそのように願いました。するとBさんの両眼が潰れるわけです。

このように、競争原理の上で発揮される欲望は、自分を不幸にします。ということは、世俗の欲望を生きるエネルギーにすると、わたしたちはますます不幸の方向に向かって猛進することになります。

〈Bさんがわたしよりも幸福になるのは許せない〉といった考えではだめで、〈わたしは幸福になりたい。同時にBさんにも幸福になってほしい〉と思ったとき、真の幸福が得られます。その真の幸福が「大楽」です。この〝大〟も、大／小といった比較のない「大」です。

本当は、二億円貰ったBさんと一億円のAさんの幸福は、どちらがより幸福と比較できないものなのに、わたしたちはついつい二億円のほうが一億円よりも幸福と錯覚してしまう。それで幸福になれないのです。

そういえば、こんなユダヤのジョークもありました。

大金持ちが神に祈っています。その横に貧乏人がやって来て、大声を張り上げて神に祈り始めます。

「神さま、わたしの今夜の食事のために、どうか五百円をお授けください」

すると金持ちが言います。

「わたしは五億円の商談の成功を神に祈っているのだ。大声を張り上げて、わたしの祈りの邪魔をしないでくれ」

「旦那、神さまは金持ちだけの神ですか?!　貧乏人にだって、祈る権利があるでしょう」

そして、彼はなおも大声を張り上げます。大金持ちはたまりかねて、「きみに五百円あげるから、静かにしてくれ」と、ポケットから五百円を出して貧乏人に施しました。貧乏人は、

「神さま、ありがとうございます。やはり神さまは貧乏人の味方なんですね」

と、お礼を言って出て行きました。

この貧乏人の幸せが「大楽」です。

そして、「大楽」をもたらしてくれるものが「大欲」。

「大欲」は比較のない欲望で、たった五百円の願いでも、五億円よりは大きいのです。それは天上の欲望でもあります。

世俗の欲望を生きるエネルギーにするか／天上の欲望をエネルギーにするか、それによってあなたの人生は大きく変わります。さあ、あなたは、どちらを選びますか？

命の価値はみな同じなのか？

命の価値はみんな同じではありません。人によって大きく違います。

それが証拠に、交通事故や飛行機事故で死亡した場合、損害賠償額はその人が死亡当時にどれだけの年収を得ていたかによって計算されます。遺族の精神的ダメージに対する慰謝料とは別に、命の値段が査定されるのです。もちろん、年収の多い人の命のほうが高額にされます。

日本の国家は死刑を存続させています。これは明らかに、犯罪者の命なんか無価値であると見なしているのです。

外国で事故が起きたとき、よく新聞やテレビで、「死亡者のうちには日本人はいないようです」と報道されます。昔は、その前に、「幸いにも」といった言葉があって、「おまえたち日本人は、外国人なら死んでもいいと言うのか?!」

と、外国人から捩《ね》じ込まれました。で、最近は「幸いにも」といった表現はなくなりましたが、やはり日本人は心のどこかで外国人の命と日本人の命の価値を比較しています。

しかし、それは日本人ばかりではありません。アメリカ人もイスラエル人も、アメリカ人やユダヤ教徒の命の価値は、イスラム教徒よりも大きいと思っています。アメリカなどはアジアやアラブ世界で何百万人を殺しながら、自国民が数人殺されただけで大騒ぎします。アラブ人とアメリカ人とでは、命の価値が違っているのです。命の価値は同じであるべきだと思いますが、現実はそうではありません。悲しいことですが、われわれはその現実を認めねばなりません。

〝尊〟と〝貴〟の違い

〝とうとい〟という言葉には、二つの漢字があります。〝尊〟と〝貴〟です。では、この二つはどう違うのでしょうか。手許の辞書ではそれぞれ違った解説がなされています。しかし、わたしの見るところ、武部良明『漢字の用法』(角川書店)がいちばん適切なようです。それには次のように区別されています。

《〔貴〕「賤」の対。それ自身の持っている価値や身分が、他よりも上であるようす。例貴い体験　貴い資料　貴い人命　貴いお方　貴い身分

〔尊〕「卑」の対。それを大切にすべきものとして、特別の気持ちを持つようす。例尊い神尊い犠牲を払う　平和の尊さ》

金・銀・白金などを貴金属といいます。これは鉄、銅、アルミニウムなどの卑金属に対して高価なので、貴金属なのです。賤民に対して身分が高いのが貴族になります。〃貴〃は、他と比較して価値が高いときに使われる言葉です。

したがって、人の命は〃とうとい〃にしても、そこに価値の大小がありますから、〃貴い〃といった表記になります。しかし、あらゆる人の命が平等に〃とうとい〃というのであれば、それは〃尊い〃と表記せねばなりません。

だが、わたしたちは日常生活の中で、本当にすべての人が平等に尊いと思っているでしょうか。むしろ命の貴さに大小があると差別しているのではないでしょうか。

じつは、わたしたちが子どもたちに、「美しいものを愛しましょう」と教える、その教育のうちに、「醜いものを憎みましょう」という差別の心がひそんでいます。あるいは、子どもたちに「世の中の役に立つ人間になりなさい」と教える、そのことによって、人間の世の中に対する役に立ち具合を測り、あの人は役に立つから貴重な人間だ、この人は認知症になってちっとも役に立っていないから価値が劣る、と判断することを教えていることになります。昔、中学生がホームレスを襲撃して殺すといった事件がありました。ホームレスは汚い。世の中の役に立っていないから価値がない。中学生がまちがってそう考えるのを、わたしたちは叱ることができるでしょうか。わたしには忸怩《じくじ》たるものがあります。

「差別なき平等」と「平等なき差別」

江戸時代の禅僧の良寛《りょうかん》（一七五六―一八三一）に、こんなエピソードがあります。

良寛が冬の日、日溜《ひだま》りの縁側で日向ぼっこをしていました。すると襟元《えりもと》を虱《しらみ》がもぞもぞと動きます。

「虱さん、あなたも日向ぼっこをしたいんだね」

と、彼は虱に日光浴をさせてやります。そして、やがて日が陰ると、良寛は、

「虱さん、さあお戻りなさい」

と、再び襟元に戻してやったそうです。なかなかいい話です。良寛には、虱は害虫だといった認識はありません。益虫／害虫といった差別の心がないのです。あらゆる生き物が仏から命を授かって生きているといった、仏教者らしい認識があります。

一方、キリスト教は、どうしても「差別の生命観」になります。なぜなら、神があらゆる生き物を創造されたのであり、そして人間に動物たちをうまく管理するように命じられた。キリスト教徒はそう考えています。

すると人間は動物たちの管理者であって、管理者の価値は当然、被管理者の価値よりも大

きくなります。そこに人間の貴さがあります。

このように、人間の命と動物の命の価値を差別すると、ややもするとその差別の生命観が人間に対しても適用される危険があります。事実、キリスト教徒は人間の命に対しても価値の大小を言い出しました。それが近代的奴隷制度です。黒人奴隷は価値が劣り、家畜と同等である。人間ではない。だから売買してもよい。そういった考えになるのです。そういう考えの下で、アメリカの黒人奴隷制度が維持されました。また、西部開拓時代のアメリカ人は、いわゆるインディアンと呼ばれる先住民を動物並みに扱い、平気で殺戮しました。

このように、人間の命の価値を秤量《ひょうりょう》するようになるのは、もともとはキリスト教が動物の命の価値と人間の命の価値を差別したからです。仏教のように、人間の命と動物の命を平等に見、そして良寛のように益虫／害虫、役に立つ動物／役に立たない動物と差別せず、あらゆる命を尊ぶことができれば、人間の命の価値に大小をつけることがなくなるでしょう。それが本当の「人間尊重」です。

けれども、わたしがそのように言えば、きっと反駁《はんばく》があるでしょう。能力、あるいは仕事の成果によって従業員の給料に差をつけるようなことは当然ではないか。おまえは、それまでも平等にしろと言うのか、と。でも、わたしはそんな悪平等を主張しているのではありません。

その点では、わが国、天台宗の開祖である平安時代の最澄（七六七―八二二）が次のように言っています。

凡《およ》そ差別《しゃべつ》無きの平等は仏法に順ぜず、悪平等の故なり。また、平等無き差別も仏法に順ぜず、悪差別の故なり。（『法華去惑《こわく》』）

仏教では、〝差別〟を〝しゃべつ〟と読みます。現実の社会で、給料に差があるのはあたりまえです。それは差別《しゃべつ》ではありません。ですが、もしも経営者が、〈おまえの人間としての価値が劣るから、おまえの給料を安くする〉と考えて差をつけるなら、それは悪差別になります。あらゆる人間の価値に大小はないと認識した上で、〈すまんな。この世の仕来《しきた》りなもので、ちょっと差をつけさせてくれよ〉と心の中で謝りながら差をつける。それが平等にもとづく差別です。この世の中では差別をせざるを得ないかもしれませんが、わたしはそのような差別をしてほしいと思います。

科学と宗教は相容れないものか？

これはなかなか厄介な質問です。そもそも科学とは何か？　そして宗教とは何か？　それをどう定義するかによって、話は大きく違ってきます。

まず、科学とは「分科学」です。対象を細かく分割し、その一部分だけを考察し、研究するのが科学です。

そのことは、医学を見れば分かるでしょう。病院に行けば、内科・外科・眼科・耳鼻咽喉科・泌尿器科・産婦人科・小児科……といったふうに、いろいろと専門が分かれています。

ところが、その人が全体として健康か／どうかを診察する所はどこにもありません。これはおかしなことですね。われわれにとって大事なのは、わたしが全体として健康か／どうかでしょう。七十歳の老人ががんになった。しかし、彼はまあほどほどに食事もでき、日常生活もできます。それなのに外科手術をやって、かえって病床を離れることができなくなった。

科学の考え方は、がんさえ剔出《てきしゅつ》できればそれでいいので、その結果、その人の生活が不便になろうと、生きていく気力がなくなろうが、そんなことは知らん、となります。少し前からＱＯＬ（クオリティー・オブ・ライフ＝精神的満足度）などの考え方も出てきましたが、根本的にはそういう面があります。それが「分科学」の考え方です。

　この「分科学」的な考え方が、現代科学の一大特徴です。なるほど科学技術の発展によって、わたしたちの生活は快適になりました。しかし、そのために投ぜられた莫大なエネルギーによって、地球は温暖化現象を呈しています。もっとも、科学に言わせれば、それとこれとは別問題ということになります。この、すべてを別問題にするのが科学のやり方です。

　その「分科学」に対して、全体を扱うのが古来哲学でした。ですから哲学は「全体学」ということになります。

　昔は、すべての学問が哲学でありました。そのうちに自然現象を扱う自然哲学が哲学から分離し、その自然哲学が特化して現代の自然科学になりました。また社会科学も哲学から派生独立したものです。その結果、子どもである諸科学が分離独立したもので、母屋に残っている哲学は、論理学や倫理学、美学、それに哲学史くらいになってしまったのです。淋しいですね。

　それはともかく、哲学が「全体学」であるのに対して、科学は「分科学」です。対象を細かくパートに分けて、考察・研究をするのが科学の特色です。

さて、次に宗教ですが、宗教もまた哲学と同じく「全体」を扱います。宗教がいかなる仕事をするかといえば、これは人によって考えが違うでしょうが、わたしは宗教とは「幸福学」だと思っています。いかにすればわれわれが幸福になれるか、それを教えたものが宗教です。

ところが、科学だって人間の幸福を目指しています。その点は、宗教と科学は同目的なんですが、科学のほうは「分科」的に考えるところに特色があります。経済的に豊かになれば、われわれは幸福になれる。では、どうすれば金を儲けることができるか？　健康であれば幸福だ。では、どうすれば健康を維持できるか？　衣・食・住に支障がないのが幸福である。では、どうすれば支障をなくすことができるか？　そういうふうに考えるのが「分科学」です。その結果、必ずしも幸福になれるか／どうかは保証できません。まあ、たいていは不幸になるでしょう。

しかし、宗教は違います。宗教は全体として幸福を問題にします。

それ故、宗教に現世利益《げんせりやく》を求めるのはまちがいです。

現世利益、すなわち神仏に金を儲けさせてください、あるいは病気を治してください、と願うのは、してはならないことです。なぜなら、金持ちになって、それで幸福になれるとはかぎりません。何度も言いますが、一千万円の年間収入が得られるようになれば、その人の欲望は膨らみ、三千万円、五千万円が欲しくなります。そしてそのために、あくせく、いらいら、がつがつとした人生を送らねばならなくなるからです。

幸福というものを「全体」的に考えるなら、わたしたちは別段金持ちにならなければ幸福になれないわけではありません。貧乏なままでも幸福になれるはずです。いや、むしろ貧乏なほうが幸福になれる近道かもしれません。

「貧しい人々は、幸いである」

（「ルカによる福音書」6）

そうイエスは言っています。もしもあなたが貧乏であれば、貧乏なまま幸せになる方法を宗教は教えているのです。それには「全体」的な幸福といった考え方をしなければなりません。金銭・健康・立身出世・家庭・権力・名声といった一つ一つの項目をバラして考える「分科」的な考え方では、あなたは幸福になれません。

そこに宗教と科学の違いがあります。

では、宗教と科学は両立しますか？　わたしは「しない」と答えますね。

前提があるのが科学、その前提を疑うのが宗教

それから、科学は所与の前提にもとづいて仕事をします。そしてその前提について、科学

は考えたり、疑ったりすることはしません。

たとえば医学においては、基本的・原則的に患者の生命を一日でも、あるいは一時間でも、長生きさせることが前提・至上命令になっています。医師はその前提を疑ってはならないのです。その結果、患者のＱＯＬが低下しようが／しまいが、科学者である医師は、「わしゃ、知らん」です。

その前提を疑うのが宗教の仕事です。

いや、宗教は、前提を疑う仕事をしてほしいと思います。だが、現代日本の宗教者は、その仕事をサボっています。

その点では、例の脳死の問題がいい例です。

死者の不用になった臓器を患者に移植する。それによって患者は利益を得られます。たとえば角膜移植術によって、視力障害のある人の視力が回復する。それはいいことです。だが、心臓移植となると、問題が生じます。なぜなら、死者から採った心臓は移植できません。新鮮な心臓でなければならないからです。そこで生きている人間を死んだことにして、その「死者」から心臓を採取するのです。つまり脳死をもって人の「死」とする、死の定義の変更が行なわれました。

このような世の中の動きに対して、日本の宗教者のほとんどは、抗議の声を張り上げません。むしろ世の中の動きに迎合しているのが事実です。わたしは脳死が問題となったとき、

神道界の関係者と対談しましたが、ある宮司が、

「神道というのは、世の中のコンセンサス（意見の一致）を待って動く宗教です。だが、この脳死の問題に関しては、いまだ国民のコンセンサスは得られていないようです。それ故、しばらく発言を控えさせていただきます」

と言われたのには、〈ああ、神道とは、そういう宗教なんだ〉と認識を新たにすると同時に、ちょっとがっかりしました。わたしに言わせれば、その態度は世の中に対する「迎合」にほかなりませんが、読者はどう思われるでしょうか。

真の宗教者のなすべき仕事とは

神道というものが本当の意味での宗教か／否か、ちょっと判断を保留にします。わたしは天皇を現人神《あらひとがみ》とする、敗戦前の国家神道は大嫌いですが、そんな神道のほかに日本人の心情の底に生きている民衆神道があると思っています。しかし、それについて論ずれば一冊の本になってしまいます。

で、神道は別にして、仏教やキリスト教のような宗教は、世の中、世間を批判するものだと思います。にもかかわらず日本の宗教者の大半が世の中を批判しない。批判するどころか、迎合する人が多いのは困りものです。そのような人は真の宗教者ではありません。エセ宗教

者です。

そのようなエセ宗教者は論外にして、真の宗教者のなすべき仕事は、わたしは、世の中を批判することだと思います。

一方、科学者は、世間から与えられた前提を受け容れて、その前提を社会からの要請として、その要請に応える仕事をします。社会の要請に疑義を持つのは、科学者には許されません。だから第二次大戦の末期に、アメリカが原子爆弾の開発を企図したとき、大勢の物理学者がそれに協力したのです。もっとも、のちになってこのような科学者の態度に疑義を唱える科学者も出てきました。しかしそれは科学者としての行動というより、哲学者としての行動、あるいは良識ある人間としての行動だと思います。科学そのものは、世間の価値観に従順です。世間に迎合するのが科学だと言ってよいでしょう。

そうすると、世間を批判する宗教、世間に迎合する科学――ということになります。したがって、宗教と科学が両立するわけがありません。わたしはそのように考えます。

実益にならない学問を学ぶ意味はどこにあるのか？

昔、京都大学に今西錦司（一九〇二―九二）がいました。京都帝国大学（現・京都大学）農学部農林生物学科を卒業し、「棲み分け理論」で学位を取り、マナスルやカラコルムなどを探検、またダーウィン（一八〇九―八二）の進化論を批判したことでも有名です。

彼は晩年に、西洋流の自然科学が自然を生存競争の場と見なしていることに不満を持ち、自分は自然科学者であることをやめると宣言しました。彼の見る自然は「棲み分け」の世界であり、お互いに競争なんかしていないのです。

今西錦司はその著『自然学の提唱』（講談社学術文庫）の中で、ヒガンバナについてこう書いています。ヒガンバナという植物は、地下茎によって繁殖するので、昆虫による花粉媒介を必要としないはずだ。だが、ヒガンバナは花蜜を出してチョウを招いている。なんのためか？そう疑問を提示した今西は、ダーウィン流の自然科学者はおそらく進化の名残りと説明するだろう。それは自然科学者の自然観の狭さに原因がある、と。そして、彼はこう言います。

しかしこれは、なんという了簡のせまい自然観であるだろうか。ということは、こういう自然観のもとに眺められた動物や植物は、みなそれぞれの利益のために汲々としていて、一緒に同じ土地でくらし、一緒になって自然というものをつくっている、他の種類の動物や植物のことを、一切無視して顧みないものである、という前提に立っているから、了簡のせまい自然観だ、といったのである。自然はもっとのびのびとしていて余裕に満ち、その余裕をもって他の種類の生物を、助けていると見られないものだろうか。ヒガンバナの花蜜もその余裕の一つであって、自分たちのためには直接の役に立たなくても、それがアゲハチョウの好きな食物として役立っていたら、それでヒガンバナの花蜜の存在意義を認めたことにならないだろうか。

いささか長い引用になってしまいましたが、今西が、自然を懐《ふところ》の深いものと見ていることにわたしも大賛成です。

学問とはすべて実益につながらないもの

この今西の自然観は、わたしは、江戸時代の禅僧の良寛に通じるものだと思います。良寛は、次のような漢詩をつくっています。

花無心招蝶　花は無心に蝶を招き
蝶無心尋花　蝶は無心に花を尋ぬ
花開時蝶来　花開く時　蝶来り
蝶来時花開　蝶来る時　花開く
吾亦不知人　吾も亦　人を知らず
人亦不知吾　人も亦　吾を知らず
不知従帝則　知らずとも帝則に従う

花と蝶はなんの打ち合わせもなく、花が開けば蝶が来て、蝶が来ればそこに花が開いている。それが自然の理法（帝則）だと、良寛は見るのです。すばらしく豊かな自然観ですね。

そういう自然観に立脚した今西錦司は、だから自分は西洋流のこすからい自然観に立脚した自然科学を軽蔑し、自然科学者であることをやめ、自然学の学者になると宣言しました。

その心意気や大いに良し。わたしは彼にエールを送ります。
その今西錦司が、『自然学の提唱』の中で、ちょっとおもしろいことを言っています。本当はこちらのほうを紹介するつもりで彼の本を取り出してきたのですが、前置きが冗長になってしまいました。

世の中にはまた、そんな学問（自然学のような学問）をしてなににになるのかという愚問を発するひとが、いないともかぎらない。自然学にかぎらず、学問といえばすべて実益につながらないものである。親ののこしてくれた身代を蕩尽《とうじん》しても顧《かえり》みない馬鹿息子のやる仕事である。現在の大学には、まだ印哲（インド哲学）などという講座がのこっているが、おそらくお金もうけのしたい学生は、こんなところへはいらないであろう。それにもかかわらず、みんなが金もうけに走って、学問する人間がいなくなったらたいへんなことになる。自然とはなにか、人生とはなにか、これはわれわれ人間に課せられた永遠の課題である。こういう困難な問題に取り組もうという人間こそ、数ある人間の中のエリートでなければならない。

じつをいえば、わたしがその印度哲学科（印哲）の出身です。まことに金儲けとは縁のない学科に入った人間です。しかし、今西錦司から印哲にエールを送っていただいて、いささか肩身が広くなりました。ありがとうございます。

国家が金を出す必要のある学問とは

学問というものは、実益のためにするものではありません。英語で〝学校〟は〝スクール school〟ですが、これはギリシア語の〝スコレー scholē〟に由来する語で、原義は「余暇」です。ということは、暇のある者が学問をするのです。実益のために学問をするなんて、昔の人は邪道であり、紳士の風上にも置けぬ人間として軽蔑しました。

ところが、そういう学問風土の伝統のないアメリカにおいては、「産学協同」思想が優勢になります。産業界に役立つ研究でなければ、政府は金を出さなくなるのです。伝統あるヨーロッパでは、ちょっと考えられない風潮です。

その風潮が、敗戦後の日本にも大きな影響を及ぼします。

いや、日本において、学問が実益に結びつくのは明治のころからです。もともと日本においても、学問は暇人のやるものといった相場があったのですが、明治になって福沢諭吉（一八三四―一九〇一）が実学主義を唱えます。これは、理論よりも実際に役立つ科学や法律学、医学、経済学等を重んずるものです。だからヨーロッパの大学（ユニヴァーシティ）にはない医学部や工学部、経済学部などが大学の中に設置されました。その傾向が、敗戦後になってアメリカの影響を受けて、ますます顕著になったわけです。

わたしは、産業界が必要とする研究であれば、産業界が研究機関をつくって、そこで研究させればよいと思います。そして研究者の養成も、その研究機関がやればよい。どうせ産業界が必要とする研究は、たとえば地震で絶対に倒壊しない家を建てるための研究ではなく、費用をできるだけ安くして、ある程度以上の震度になれば、「われわれの予測の範囲を超えていた」と弁解が成り立つための研究です。そんな研究に国家が金を出す必要はありません。企業の自前でやらせればよいのです。

国家が金を出す必要のある学問研究は、産業界が必要としない学問研究で、そんなものをやっても金儲けにつながらないから、多くの人がやらないような学問です。それこそ印哲がそれです。そして、今西錦司が提唱する自然学です。そのような学問によって、わたしたちの自然観が豊かになり、わたしたちの人生が豊かになります。わたしは、学問とはそういうものだと思います。

反対に、実益のある学問なんて、金儲けのための学問です。金儲けのために自分の良心を売り渡す学者がいかに多いか、毎日の新聞を見てうんざりさせられています。

性善説、性悪説、どちらかは正しい？

〝性〟というのは人間の本性・天性です。その本性が善か／悪か、古来、中国においてさかんに論じられてきました。

まず、儒教の開祖である孔子《こうし》（前五五一―前四七九）ですが、彼は性善説／性悪説のいずれにも与《くみ》していません。「性」に関する彼の発言は、

子曰く、性は相近《あいちか》し、習えば相遠《あいとお》し。（『論語』陽貨2）

です。すなわち、人の生まれ付きの性は相近い。だいたい似たり寄ったりである。学ぶことによって差ができるというのです。ただし、この〝習〟を「習慣」とする解釈もあります。その場合は、どういう生活をするか、その生活によって差ができるとなります。

つまり孔子は、人間の天性には差はないが、教育あるいは生活習慣によって差がつくのだと考えたのです。

儒教の中で性善説を唱えたのは戦国時代の孟子《もうし》（前三七二頃―前二八九頃）です。彼は次のように言っています。

惻隠《そくいん》の心は仁の端《たん》なり。羞悪《しゅうお》の心は義の端なり。辞譲《じじょう》の心は礼の端なり。是非の心は智の端なり。

（『孟子』公孫丑上）

〝惻隠の心〟とは、人の不幸や災厄に対して、あわれみ、いたましく思う心です。〝羞悪の心〟とは、自分の不善を恥じ、人の悪を憎む心。〝辞譲の心〟とは、目上にへりくだり、譲る心。〝是非の心〟とは善悪を判別する心です。しかし、この四つの感情（これを〝四端《したん》〟と呼びます）は端緒であって、悪そのものではありません。が、これを手掛かりにすれば仁・義・礼・智といった四つの徳になります。そして、すべての人間にこの四端がそなわっているので、人間は生得的に善となる可能性を持っている。これが孟子の性善説です。

けれども、この孟子の性善説では、現実に性悪な人間が多い、その理由を説明できません。そこで性善説の孟子に対して、のちに荀子《じゅんし》（前二九八頃―前二三八頃）が性悪説を唱えました。

人の性は悪なり、其の善なるは偽《ぎ》なり。

（『荀子』性悪篇）

人間の本性は悪である。放任しておくと悪に向かう。そこで人間を善に向かわせるには「偽」が必要だ。荀子はそう言っています。

ここで〝偽〟というのは、文字通りに〝人〟と〝為〟です。つまり「人為」（人間の力ですること。人間のしわざ）です。具体的には礼や学問による教化です。

いいですか、性悪説は人間は放任しておくと悪に向かうが、教育・教化によって善に向かわせることもできると言っているのです。人間を信頼しているのです。そこのところをまちがえないでください。

なお、余談になりますが、この「偽」を排して、もっと自然な生き方をしようではないかと提唱したのが老子《ろうし》（生没年不詳）です。

ところで、荀子のように性悪説をとれば、今度は性善の人のいる理由が証明できなくなります。性善説をとってもダメ、性悪説をとってもダメということになります。この問題はなかなかむずかしいのです。

「本然の性」と「気質の性」

それで、戦国時代の斉《せい》の思想家の告子《こくし》（生没年不詳）は、人間の本性は善でもなく／不善でもないとしました。人間の本性はその人の育った環境によって規定されるとしたのです。さらに漢代の揚雄《ようゆう》（前五三―後一八）は、人間の性には善悪が混交していると唱えています。あるいは、中唐の思想家の韓愈《かんゆ》（七六八―八二四）は、性三品説《せいさんぼんせつ》を提唱しています。人間の性に上中下の三品（三種類）があって、人によって善悪の程度が違うというのです。もうこうなるとわれわれの常識と少しも変わりがなく、これでもって独創的な学説を提唱したとはいえませんね。

また、宋代になると朱子《しゅし》（一一三〇―一二〇〇）が登場し、人間の性を、

――「本然《ほんぜん》の性」と「気質の性」――

に分けて、この問題を解説しようとしました。〝本然の性〟とは、宇宙の普遍的な性であり、〝気質の性〟はそれぞれの人の個別的・具体的な性質です。宇宙原理と個人原理といえばよいでしょうか。そうすると、それは古代インド人の考えた、

――ブラフマン（宇宙原理）とアートマン（人格原理）――

に通ずるものがあります。その辺のところを論ずるとおもしろいのですが、あまりにもペダントリー（衒学《げんがく》）的になりそうなので、いい加減でやめておきます。

仏教は悪人をどう説明するか

では、仏教はどうでしょうか……？

仏教、特に大乗仏教においては、『涅槃経《ねはんぎょう》』という経典にある、

一切衆生悉有仏性（いっさいの衆生が悉《ことごと》く仏性を有している）

といった言葉が、すべてを語り尽くしています。〝衆生〟というのは人間だけではありません。生きとし生けるものすべてです。生きとし生けるもののみなが仏性を持っている。〝仏性〟とは、仏となれる可能性です。いや、仏そのものの本性だといってもよいでしょう。生けるものすべてが仏の本性を持っているのですから、仏教の考え方は文句なしに性善説です。

そうすると、仏教は、現実に存在している悪、悪人をどう説明するのでしょうか？

仏教は、いま悪人である人を、その人は、

――断善《だんぜん》の状態――

にあると見ます。その人は悪人ではない。仏性を持った人、善人なんですが、いまその人は煩悩に覆われて、断善の状態、善が断たれた状態にあるのです。だから仏性が輝いてこないのです。

あるいはその人は、さまざまな因縁によって断善の状態に置かれています。それは、わたしたちが日常生活の中でもしばしば経験しますよね。こちらの体調が悪いとき、あるいは虫の居所が悪いとき、普段はなんでもないのに、相手のちょっとした言葉尻で怒りを爆発させることがあります。それが断善の状態なんです。殺人犯にしたってそうなんです。その人が悪人だから殺人をしたのではありません。さまざまな因縁によって、その人が断善の状態に置かれたもので、殺人という罪を犯さざるを得なかったのです。それが仏教の見方です。

永平寺第六十七世の貫主の北野元峰《げんぽう》（一八四二―一九三三）に、こんな話があります。彼が東北のある刑務所で囚人相手に法話をしたときです。佐藤俊明『心にのこる禅の名話』（大法輪閣）によって紹介します。

所長の案内で講堂に入ると、講堂は立錐《りっすい》の余地もないほど囚人が集まっている。禅師は仏前に礼拝して演壇に立ち、合掌して深く頭を垂れて囚人を拝み、

「お前さんたちはみな仏さまじゃ。仏さまじゃから私は合掌して拝むのだ。仏さまというものはこういう所へ来るものではない。ただ因縁が悪うござんしたなァ。因縁が悪うてこういう所で苦労なさる。お気の毒じゃ。お気の毒じゃ」

といって落涙され、あとの言葉も出ないまま降壇された。

囚人たちはみな下を向いて泣いてしまって、どんなりっぱな法話よりも感動したという。

これが仏教の考え方です。仏教は徹頭徹尾、人間の善性を信じているのです。

お金を稼ぐこと以外に働くことにどういう意味があるのか？

わたしたちは、金を稼ぐために働きます。労働の目的はそれだけです。ほかに働くことの意味はありません。

にもかかわらず日本人は、働くことに何か高尚な意味があると思っています。いや、思わせられているのです。それは体制側にしてやられていることになります。

じつは日本語の〝働く〟という言葉が、どこかで「労働」の本質を見誤らせる危険があります。

日本語の〝働く〟に相当する英語には、〝work〟〝labor〟〝toil〟があります。研究社の『新英和中辞典』によりますと、

〝ワーク work〟は……努力して行なう肉体的・精神的な仕事。最も普通の語。

〝レイバー labor〟は……骨の折れる、つらい、主として肉体的な仕事。

〝トイル toil〟は……長い時間続く肉体的に、または精神的に疲れる仕事。

と解説されています。このうち〝トイル〟はちょっと観点が違うので除いて、〝ワーク〟と〝レイバー〟と、そこにもう一つ〝プレイ play〟を加えて、「働くこと」「労働」の三形態を考えてみましょう。

まず、いずれの「労働」にも、肉体的・精神的な苦痛があります。あとで解説しますが、キリスト教徒やユダヤ教徒にとって、「労働」は神から与えられた懲罰なんですから、「労働」に苦痛が伴うのは仕方がないことです。日本人は労働に喜びを見出していますが、これは日本人の労働観が、キリスト教のそれとはまったく違っているからです。これについてもあとで解説します。

ともかく、われわれは「労働」には肉体的・精神的苦痛が伴っていることを確認しておきましょう。そして、肉体的・精神的苦痛ばかりで、ちっとも喜びがないのが一般的な労働です。たとえば3K――きつい・汚い・危険な仕事――がそれです。会社員の仕事は3Kとはだいぶ違っているように思われるでしょうが、それは日本人の会社員が誑《たぶら》かされているだけで、実質は3K労働と五十歩百歩です。喜びはないが、金のために働いています。そして、金を得ることが喜びだと錯覚している。あるいは錯覚させられているのです。これは英語でいえば〝レイバー〟です。ここではこれを〝賃金労働〟と呼ぶことにしましょう。

この「賃金労働」に対して、ほんの少しではあるが精神的喜びが得られる労働があります。

代表例が会社の経営者の労働です。また、政治家がする労働もやはり精神的な喜びが得られます。ここではこれを〝管理労働〟と呼ぶことにします。

もう一つの「労働」があります。それは英語の〝プレイ〟に相当するもので、ピアニストがピアノを弾く、作家が作品を執筆する、プロ野球の選手が球場でプレイをするのがそれです。彼らはそれによって金銭を獲得しますが、喜びも得られるのは事実です。ここではそれを〝興行労働〟と名づけます。あまりうまい言葉ではありませんが、芸術活動やスポーツ活動を含めた日本語が考えにくいので、さしあたりそうしておきます。

そうすると、労働のうちに、

――賃金労働・管理労働・興行労働――

の三種があることになります。しかし、その三種ともに、金を稼ぐことが目的です。もしも、「自分は金のために働いているのではない」と言われる会社社長がおいでになれば、その人は無報酬でボランティア活動をなさってください。会社から役員報酬を貰っている人は、偉そうな口をきかないでください。

日本人は「神に罰せられた人」か？

さて、キリスト教徒は基本的に「労働懲罰説」に立っています。

もっとも、キリスト教徒といっても、たとえばドイツのプロテスタント教徒とスペインのカトリック教徒とでは大違いです。個人差はありますが、ドイツ人は勤勉で、スペイン人はむしろ怠け者です。また、カトリックよりもプロテスタントのほうが、どうやら勤勉な人が多いようです。けれども、キリスト教は基本的に「労働は神から与えられた懲罰である」と考えています。

その理由は、人類の祖であるアダムとイブは、最初はエデンの園に住んでいました。二人はまったく働く必要はなかったのですが、神が「これだけは食べるな」と禁じておられた木の実を食べたために、楽園から追放されます。そのとき神はアダムに向かって言われました。

「お前は顔に汗を流してパンを得る
土に返るときまで」
（「創世記」3）

かくてアダムの子孫であるわれわれ人類は、額《ひたい》に汗して生計のために働かねばならなくなりました。キリスト教徒はそのように考えています。これが「労働懲罰説」です。

だからキリスト教徒は、われわれは働かねばならないにしても、できるだけ労働時間を短縮したいと望んでいます。誰かが書いていましたが、スペイン人などは、

「わたしの希望は、労働時間は一日四時間にしてほしい。そしてその四時間を、誰かがわた

しの代わりに働いてくれることだ」

と言うそうです。またスペイン人は、一生懸命に長時間労働をしている日本人を見て、

「日本人はカスティガードだ」

と評するそうです。〝カスティガード〟とは、「神に罰せられた人」といった意味です。

では、労働時間の短縮は何によってなされるかといえば、それで暮らしていけるだけの金が得られれば、それ以上働かないことです。かりに日給が二倍になれば、働く日数を半分にする。それが労働時間の短縮です。ところが日本人は、給料が二倍になるとより多くの時間を働くようになる。つまり日本人は金畜生《こんちくしょう》です。だから残業ばかりさせられるのです。労働者の意識がそういう残業風土をつくりだしました。自業自得です。

「だらだら労働」を金科玉条に

じつは、日本人の労働観は、「労働懲罰説」と反対の「労働神事説」です。古代の『延喜式』の「祝詞《のりと》」には、

――〝よさし〟――

という言葉があって、われわれは大事な稲作りの仕事を神からよさし（委任）されたのだと言っています。だから稲作り（労働）は神事だとなります。〝事〟という語には「仕える」

という意味があります。われわれは労働を通じて神に事《つか》えているのです。

それ故、日本人は労働を苦にしません。むしろ働くことに喜びを見出しています。長時間労働だって平気です。

けれども、忘れないでください。昔の農家では、朝から晩まで野良仕事をしていましたが、親が仕事をしているそばで子どもたちが遊んでいました。親もときどき子どもたちと遊びます。昼食はみんなで一緒に野良で食べます。

ということは、仕事の場は同時に遊びの場であり、親が子どもに教育する場でもありました。したがって、長時間労働もできるのです。

また、農家の仕事では、効率なんて問われません。人々は、のんびり・ゆったり・だらだらと働いていたのです。「労働神事説」に立つのであれば、この「のんびり・ゆったり・だらだら」と働くことを金科玉条にすべきです。そうしただらだら労働が許されないのであれば、われわれは「労働懲罰説」に立つべきだと思います。

*

二〇〇五年に下咽頭がんのため四十六歳で亡くなった、漫画家であり文筆家でもあった杉浦日向子《ひなこ》が、『江戸アルキ帖』（新潮文庫）の中で、江戸は喰うや喰わずの人口がその大半を占める貧しい土地だと言ったあとで、次のように書いています。

これらの貧しさは、単に社会構造の未熟さから来るものだけではなく、彼ら自身の選択でもあるのだから不思議だ。とにかく働かないのだ。ようよう食べるだけ稼《かせ》いでしまうと仕舞にしてしまう。喰うや喰わずも当り前である。正味四時間も働けば良いほうだ。

（………）

ニコニコと貧乏をしている。江戸は、まるで趣味で貧乏をしているようなところだ。

わたしは、日本人の労働観は「労働神事説」だと考えていましたが、それは農民に対してだけ言えることではないでしょうか。江戸のような都市においては、「労働神事説」はあまり通用しません。むしろ「労働懲罰説」に立つスペイン人の生き方に似ています。一日四時間ぐらい働いて、それでおまんまが食べられるのであれば結構、結構。それが江戸っ子の生き方でした。われわれ現代日本の労働者は、この江戸っ子に学ぶべきです。

働くことは喜びである——。そんな経営者の宣伝に引っかかってはいけませんよ。

資本主義を認めるなら、弱肉強食、適者生存は正しいことか？

国語のテストの「□肉□食」に、「弱肉強食」と答えるのが普通ですが、生徒の中には「焼肉定食」と答える者がいるという笑い話がありますね。

時田昌瑞著『岩波ことわざ辞典』（岩波書店）によりますと、この〝弱肉強食〟といった言葉は、中国・唐代の思想家であり詩人でもある韓愈が言ったものだそうですが、明治以前にこの言葉が日本で使われた例はほとんどないと言っています。また、明治・大正になっても、この〝弱肉強食〟を収載している辞典やことわざ集は少なく、この言葉が小型の辞典に収載されるようになって一般化するのは、意外にも昭和三十年（一九五五）近くになってからだ、と解説されています。一九五五年といえば、日本経済が安定し、一九六〇年に所得倍増計画を掲《かか》げて登場する池田内閣の誕生の直前で、日本がいよいよ資本主義の論理に支配され始める時期です。なるほど〝弱肉強食〟といった言葉は、資本主義経済を象徴するものだと思われます。

ところで、この〝弱肉強食〟は、

《弱い者が強い者のえじきとなること。また、弱い者の犠牲によって強い者が繁栄すること》

（『明鏡国語辞典』）

と解説されています。これは、現代においては、シマウマをライオンが襲って食べる、そういう動物の世界のあり方を言ったものだと解されています。だが、本当に動物の世界は弱肉強食になっているのでしょうか？　わたしはそうは思いません。

なるほど、強いライオンが弱いシマウマを殺して食べる。それだけを見れば、弱肉強食になっているかのように思われます。だが、こんな例があります。

アメリカのアリゾナ州のカイバブ平原での出来事です。ここに四千頭のクロオジカがいました。公園当局はこのクロオジカを増やすために、その敵であるピューマやコヨーテ、狼といった肉食獣を全部殺してしまいます。その結果、クロオジカは十万頭までに増えました。肉食獣のいない草原は平和でした。

でも、その平和は長続きしません。五、六年後には、土地の草木はすべて食い尽くされて、ほとんど再生産能力を奪われてしまいました。植物の不足により、クロオジカは次々と餓死し、ほぼ全滅に近い状態にまでなったのです。

肉食獣がいないと、かえって草食動物が生存できない状況になります。

肉食動物がクロオジカを適当に殺してくれることによって、全体としてのクロオジカの頭数が制限され、あまりにも増え過ぎて困るということがなくなるのです。
だとすれば、われわれは動物の世界を「弱肉強食」と見るより、「共生」と見たほうがよさそうです。
したがって、生物学者はあまり〝弱肉強食〟といった言葉を使いません。ライオンがシマウマを殺して食べる現象を、多くの生物学者は、

――食物連鎖――

と見ています。これは、イギリスの動物学者のチャールズ・エルトン（一九〇〇―九一）が、一九二七年に北極地方の生態系を研究して得た概念です。

この食物連鎖で生産者となるのは緑色植物です。緑色植物が太陽エネルギーと無機物からみずからの体を合成します。そしてその植物を食う植食動物が一次消費者となり、その植食動物を食う肉食動物が二次消費者となります。さらに肉食動物を食う大型の肉食動物が三次消費者となるわけです。また、一次消費者よりも二次消費者、二次消費者よりも三次消費者のほうが、身体は大型化し、食物を得るためのエネルギー損失も大きくなります。大型動物は小型の動物を捕食するために苦労しているのですね。

このような食物連鎖は、自然界の生態系です。現象的にはこのような生態系は「弱肉強食」に見えますが、それは自然の生態系に人間のイデオロギーを持ち込んだことになります。だ

って、「弱肉強食」は、強い奴は弱い奴をいじめていいんだ――といったイデオロギーです。もしもライオンがシマウマを食べ尽くしてしまえば、次にはライオンが飢え死にすることになります。自然の世界では、そんなことは起きません。ライオンがシマウマを捕食するために、いかに莫大なエネルギーを使っているかを人々は忘れています。強者は強者なりに苦労しています。そして強者は弱者と共に自然界で生きています。その「共生」が自然のあり方です。

「適者生存」も同じです。これは、生存競争において、環境に最も適した生物のみが生存できるといった考え方ですが、そもそも自然界に競争があるでしょうか？　競争というのは、ライオンが他のライオンと競争し、ネズミが他のネズミと競争することです。自然界にそんな競争はありません。競争しているのはヒトという動物だけです。わたしは、これもイデオロギーを自然界に持ち込んだものだと思います。

「言葉」に騙されるな

さて、問題は資本主義です。

日本の経済界においては、資本主義の基本原理は競争原理にもとづいた「弱肉強食」であり「適者生存」である――といったイデオロギーが罷《まか》り通っています。だから大企業が下請けの零細企業をいじめるのは当然であり、大型店舗が街の小さな商店を潰すのもあたりまえ、貧乏人は競争の敗者なんだからブツブツ文句を言うな、となります。

だが、これは日本の資本主義がおかしいのです。ついでに言えば、アメリカの資本主義もおかしい。日本やアメリカでは、資本の論理ばかりがわがもの顔に横行します。

普通、企業は、その企業のある国の経済と連動しています。しかし、日本やアメリカの大企業は、外国のほうが低賃金で労働者を雇えるとなれば、自国を離れて外国に工場を移します。そうすると、日本やアメリカの労働者が失業することになる。でも、大企業は、「そんなこと、わしゃ知らんよ」と言うでしょう。それが無国籍企業のやり方であり、グローバル資本主義が金科玉条とする資本の論理――儲かりさえすればいい――です。

そして、このグローバル資本主義は、持てる資金にものを言わせて、アメリカや日本の政治家に献金し、政治を牛耳っています。日本やアメリカの政治家は、まるで大企業の代弁者です。彼らが言うのは、

――弱肉強食は自然界の法則だから、弱い奴は文句を言うな！――

――貧乏人が貧しいのは、自分の努力が足りないからだ。すべて自己責任である――

といった常套句《じょうとうく》。われわれはそんな言葉に騙されてはいけませんよ。

主要先進国の貧困率比較

	2005年	
	再配分前	再配分後
日　本	26.9	14.9
アメリカ	26.3	17.1
フランス	30.7	7.1
ドイツ	33.6	11.0
イギリス	26.3	8.3
スウェーデン	26.7	5.3
ノルウェー	24.0	6.8
デンマーク	23.6	5.3

出典：中谷巌著『資本主義はなぜ自壊したのか』（Growing Unequal? Income Distribution and Poverty in OECD Countries by OECD©2008.10.21 より）

資本の論理がのさばると……

経済的不平等については、すでに第一章で論じてあります（29ページ以下参照）。あそこで使ったOECDのレポートにある数字をもう一度掲げておきます。

じっとこの数字を眺めてください。いろんなことが分かるはずです。

貧困率というのは、その国の所得の中央値（世帯所得をもとにその国の人々を所得順に並べて、その中央に位置する人の所得額）の半分に満たない所得の人を貧困者とし、そのような貧困者が全体に占める比率です。また、再配分前というのは、国家による課税や社会福祉がなされる前の段階での所得によって貧困者を決めたもの。再配分後というのは、課税や貧困者に対する援助が行なわれたあとの貧困者です。

そうすると、ドイツやフランスでは、所得額（再配分前）だけで見ると三〇パーセントを超える貧困者がいますが、福祉政策によってドイツでは貧困者が約三分の一、フランスでは約四分の一に減っています。また、イギリスでは再配分前後の貧困者の率は二六パーセントから八パーセントへ、スウェーデンでは二七パーセントから五パーセントへと、すごい減りようです。いずれも福祉政策によるものです。

ところが、日本ではそれが二七パーセントから一五パーセントへ、アメリカでは二六パーセントから一七パーセントへと、半分にも減っていません。これは、日本やアメリカでは福祉政策が行なわれていないこと、つまり資本の論理がのさばり歩いていることを意味します。

いいですか、資本主義にもいろいろあって、アメリカや日本のそれはいわば競争型・弱肉強食型ですが、イギリス、フランス、ドイツや北欧諸国の資本主義は福祉型・共生型なんです。わたしは、「弱肉強食」や「適者生存」を口にする政治家がいれば、その人は大企業・グローバル企業から資金援助を受けている回し者だと思います。そんな政治家には絶対に投票しません。

第四章
なるようになるさ

本当の友とは？

兼好法師（一二八三頃―一三五〇頃）が『徒然草』の中でこう語っています。

友とするに悪《わろ》き者、七つあり。一つには、高く、やんごとなき人。二つには、若き人。三つには、病《やまい》なく、身強《みつよ》き人。四つには、酒を好む人。五つには、たけく、勇《いさ》める兵《つわもの》。六つには、虚言《そらごと》する人。七つには、欲《よく》深き人。
よき友、三つあり。一つには、物くるる友。二つには医師《くすし》。三つには、智恵ある友。

（第百十七段）

物をくれるのが良き友だなんて、あまりにも現金な……。医師が本当に良き友ですか？
もっとも、兼好の時代の医師《くすし》と、現代の医者は同じではありません。兼好の時代の医師は、人間をよく見て、その人にふさわしい生き方をアドヴァイスしました。その代わり、病気の治療はあまりできません。昔はそれほど医療技術が高くなかったからです。けれども現代の医者はたんなる医療技術者です。大多数の医者は、病気の治療だけに関心を持って、患者に人間の生き方なんてアドヴァイスできませんよね。また、智恵ある人が良き友だと言っていますが、人をだまくらかす悪智恵のある人が良き友ですか?!

まあ、そんな揚げ足とりはやめておきましょう。

ところで、『世界ことわざ大事典』(大修館書店)を見ていたら、次のようなことわざがありました。

友は百人いても多すぎず
敵は一人いても少なすぎず(チベット)

友は千人でも少なく、敵は一人でも多い(イラン)

似たような内容ですが、この場合の〝友〟はたぶん味方の意味でしょう。あまり友情とは関係ないと思います。兼好法師が言うのも同じことで、友(味方)は多ければ多いほどよいのです。そして現代の日本人の考えも同じであって、

「わたしには二百人ぐらいの友人がいます」

といった日本人の言葉を聞いて、わたしの知っているドイツ人が驚いていました。ドイツ人にすれば、友人というものは、一生のあいだに一人か二人しかつくれないものなのに……という理由からです。わたしは、「たぶんその人は、年賀状を交換している人を〝友人〟と呼んだのだよ」と教えておきました。

では、どうすれば数多くの友人をつくることができるでしょうか？ 世界のことわざは、

金のあるうちは友人が多い、金を失うと友人たちも消える（フィリピン）

金持ちには友多く、貧乏人には友なし（北欧）

金の乏しい人は友人も少ない（ハンガリー）

と言っています。まあ、この世の中は金次第ですね。そのことは事実として認めねばなりません。

そうすると、多くの友人をつくるためには、あなたは金持ちにならねばなりません。それともう一つ、

追従は友人を、真実は憎しみを生む

（テレンティウス『アンドロスから来た娘』）

というのですから、あなたは人の悪口になるような真実を言ってはなりません。いつも追従していればいいのです。

そうだとすれば、わたしたちは友人をつくろうとあまりじたばたする必要はありません。自分には友人がいないと、じくじく悩むことはやめにしましょう。淋しいことは淋しいでしょうが、友人だと思っている人から疎遠にされたり、裏切られたりするよりは、はじめから友人はいないほうがましです。

その点では、夏目漱石（一八六七―一九一六）が『こころ』の中で、主人公にこう語らせています。

「かつては其人の膝の前に跪《ひざま》づいたといふ記憶が、今度は其人の頭の上に足を載《の》せさせやうとするのです。私《わたくし》は未来の侮辱を受けないために、今の尊敬を斥《しり》ぞけたいと思ふのです。私は今より一層淋《さび》しい未来の私を我慢する代りに、淋《さび》しい今の私を我慢したいのです。自由と独立と己《おの》れとに充ちた現代に生れた我々は、其犠牲《ぎせい》としてみんな此淋《さび》しみを味はわなくてはならないでせう」

じつはこの主人公は若き日、親友を裏切ったのです。そして親友は自殺した。その忸怩《じくじ》たる思いの故に、彼はいかなる人をも信用できないでいます。彼は、世間がいう他人との社交を断って、孤独と淋しさのうちに生きています。この主人公からすれば、「友だちが二百人もいる」と平気で言う日本人に、苦笑するばかりだと思います。

一個の命、一人の友

「ヨハネによる福音書」(15)の中で、イエスは次のように語っています。

「わたしがあなたがたを愛したように、互いに愛し合いなさい。これがわたしの掟《おきて》である。友のために自分の命を捨てること、これ以上に大きな愛はない」

この言葉が、「本当の友とは?」といった質問に対する回答になるでしょう。すなわち、その人のために自分の命を投げ出すことのできる人が、その人の真の友人なのです。でも、そうだとすれば、「二百人の友人を持っている」と豪語する人は、二百個の命を持っていることになりますね。

友のために命を投げ出すといえば、太宰治(一九〇九―四八)に「走れメロス」といった短篇があります。これが、命を賭した友情の美しさを描いたものです。

シラクサ（イタリアのシチリア島にある港湾都市。ただし太宰は〝シラクス〟と表記しています）にやって来たメロスは、ひょんなことから国王の反感を買って、死刑を宣告されます。しかし、彼には、故郷に帰らねばならない大事な用があって、三日間の猶予を乞います。自分は必ず帰って来る。もし万が一、自分が帰って来ない場合は、身代わりに親友のセリヌンティウスを処刑してくれ。そういう条件の下で、メロスは三日間の自由を得ます。セリヌンティウスは喜んで親友のために囚人となるのです。もしもメロスが帰って来ない場合、セリヌンティウスは殺される。まさに親友のために命を投げ出す覚悟をしたのです。

結果は、さまざまな困難にもかかわらずメロスは帰って来ます。その二人の真の友情を見て感激した王は、メロスの罪を赦《ゆる》すというハッピー・エンドになっています。

たしかに美しい友情です。

だが、それを読んでわたしは、

〈でも、わたしには、そんなふうに命を投げ出せる友人など一人もいない〉

と溜め息を漏らさざるを得ません。そして同時に、わたしのために命を投げ出してくれる友人がいるはずのないことを、平然と受け止めます。ほんのちょっぴり淋しさを感じますが……。ところで読者はいかがですか？　読者には、自分が命を投げ出し、相手が命を投げ出してくれる親友がおいでになりますか？

ぼくは「ごめんね」と言えただろうか

で、わたしたちはどうすればよいのでしょうか？

なにもかもを時代と社会のせいにするのは卑怯《ひきょう》と誹《そし》られるかもしれませんが、現代日本のような激烈なる競争社会では、真の友情を育《はぐく》むことは無理だと思います。しかし、真の友情でなくてもいいから、ほんのちょっとでいいから、友だちを思い遣る心は持ちたいものです。

昔、こんな話を聞いたことがあります。高校の同じクラスにいる三年生の二人が、東大を目指していました。AくんとBくんにしておきます。Aくんは誰からも合格まちがいなしと言われている優等生。だがBくんの下馬評では、一年ぐらいは浪人せねばならぬだろう、というものでした。

ところが結果は、Bくんが合格し、Aくんが不合格でした。

その合格発表のあった日、BくんがAくんの家を訪ねて行きます。そしてBくんが言ったのは、

「きみとぼくは、二人で東大を目指して一生懸命やって来た。二人一緒に合格できたら、どれだけうれしかったか。それなのに、ぼく一人だけ合格になって、ごめんね」

といった言葉でした。それを聞いたAくんは、

〈ぼくが合格してBくんが落ちたとき、ぼくはBくんに、『ぼくだけ先に通ってごめんね』

と言っただろうか。おそらくぼくは、自分は実力があるから合格したのだ。Bくんも合格したいのであれば、もっとがんばらなければならない、と考えたはずだ。ぼくもBくんのように、『ごめんね』と言える人間にならないといけない〉

と思ったそうです。その「ごめんね」と言える心が友情の発端でしょう。そういう心を、わたしたちは育てていきたいですね。

宗教は未来を
どう考えているのでしょうか？

宗教が未来をどう考えているかについて話します。
まずキリスト教ですが、イエスの有名な言葉があります。

「だから、明日《あす》のことまで思い悩むな。明日のことは明日自《みずか》らが思い悩む。その日の苦労は、その日だけで十分である」

（「マタイによる福音書」6）

わたしはこれが、未来（明日）に対するあらゆる宗教の基本的態度だと思います。わたしたちが未来を思い悩んだからといって、わたしたちに未来を思い通りに改変できる能力はありません。

「あなたがたのうちだれが、思い悩んだからといって、寿命をわずかでも延ばすことができようか」（同上）

イエスはそう語っています。未来を改変できるのは、ただ一人、神だけです。だから未来は神にまかせて、わたしたちは未来を思い悩むことをやめよ。それがイエスの教えです。

このような態度は、われわれからすればちょっと無責任に思われますが、そうではありません。未来をどのようにするか、それを決められるのは神です。すなわち未来は神の権限下にあります。それを人間がしゃしゃり出て、自分の都合のよいように改変しようとするのは、むしろ神に対する冒瀆《ぼうとく》になります。未来は神におまかせすべきです。それが宗教者のとるべき態度です。

もし神がそれを望んでおられるなら

その意味では、現代科学が、地震予知や景気予測のように、未来を知り、人間の都合のよいように未来をコントロールしようとするのは、神に対する挑戦になります。第三章の「科学と宗教は相容れないものか？」でも述べましたが、科学と宗教は根本的に対するものだとわたしは考えます。

それから、未来は神の権限下にある――といった考え方をより鮮明にしているのはイスラム教です。イスラム教には、例の有名な、

――イン・シャー・アッラー――

といった言葉があります。これは「もしアッラー（神）がそれを望んでおられるなら」といった意味のアラビア語です。

また、なににつけ、「私はそれを明日なすであろう」と決して言ってはならない。ただし、「アッラーが御望みなら（イン・シャーァ・アッラー）」が（言い添えて）あれば別である。

『コーラン』（第18章）にそうあります（中田考監修『日亜対訳クルアーン』作品社による）。イスラム教徒は明日のことを言うとき、必ずそこに「イン・シャー・アッラー」を付け加えるように義務づけられています。未来がアッラー（神）の権限下にあることをはっきりさせるためです。

わたしはイスラム教国の航空便に何度も搭乗しましたが、到着時刻を告げる機内アナウンスの最初に、キャビンアテンダントが「イン・シャー・アッラー」を言います。あれにはいつも苦笑させられます。たとえば、「イン・シャー・アッラー。当機はまもなく成田空港に到着します」となります。わたしは、〈おいおい、それじゃあ、神が望んでおられない場合

は、この飛行機は墜落するというのか?!〉と心の中で思うのですが、論理的にはその通りですね。〈飛行機が無事着陸するか／墜落するか、それを決められるのはアッラーなんですから。

＊

スペイン語に〝ケ・セラ・セラ que sera, sera〟があります。一九五六年のアメリカの映画「知りすぎていた男」の主題歌がこの題で有名になった言葉ですが、「なるようになるさ」の意味です。ちょっと投げ遣りに聞こえますが、実際わたしたちの運命はなるようにしかなりません。わたしの好きな言葉の一つです。

即今、当処、自己

では、仏教はどうでしょうか?

釈迦は次のように言っています。

過去を追うな。

未来を願うな。
過去はすでに捨てられた。
未来はまだやって来ない。
だから現在のことがらを、
現在においてよく観察し、
揺ぐことなく動ずることなく、
よく見きわめて実践すべし。
ただ今日なすべきことを熱心になせ。
誰か明日の死のあることを知らん。

（『マッジマ・ニカーヤ』131）

わたしたちが、未来は「こうあってほしい」と願うのは、それはわたしたちの欲望です。いくらこうあってほしいと願っても、すべては思うがままになりません。だから願わないほうがよいのです。

そして仏教では、未来に対して希望を持つな、と言うと同時に、過去を追うな、と言っています。いくらくよくよ反省してみたところで、過去の過ちを訂正することはできません。また、過去の栄華の夢を追いかけたって無駄です。

わたしたちは、ただ現在においてなすべきことをすれば、それでよいのです。

日本曹洞宗の開祖の道元《どうげん》（一二〇〇―五三）が、中国の天童山で修行中、こんな出来事がありました。炎天下で笠もかぶらず椎茸《しいたけ》を乾かしている典座《てんぞ》がいました。典座というのは、禅寺の食事係の僧です。道元が年を尋ねると、六十八歳という返答。老人があまりにも苦しそうなので、道元が言いました。以下、彼の『典座教訓』を意訳しながら紹介します。

道元「この寺には使用人も大勢います。どうして彼らにそのような仕事をさせないのですか？」

老典座「他《た》は是《こ》れ吾《われ》にあらず」

道元「老僧よ、おっしゃる通りです。しかし、いまは炎天下です。どうして涼しくなってからなさらないのですか？」

老典座「更《さら》に何《いず》れの時をか待たん」

道元は、何も言えなくなってしまった。

「他は是れ吾にあらず」――他人はわたしじゃないよ。

「更に何れの時をか待たん」――いまを外して、いったいいつやればいいのだ?!

いい言葉ですね。つまり、禅というものはわれわれに、

――即今《そっこん》・当処《とうしょ》・自己《じこ》――

を教えているのです。〝即今〟は「いま」。〝当処〟は「ここ」。いま・ここで・わたしがやるべきことをやる。それが禅の教えであり、仏教の教えです。未来のことは忘れて、現在を大事に生きる。それがわれわれの生き方でなければなりません。

死は怖ろしいものか？

そりゃあ、誰だって死は怖いですよ。死にたくなんかありません。

＊

南北朝時代の話です。

妙心寺の開祖の関山慧玄《かんざんえげん》（一二七七―一三六〇）が、天龍寺にいる夢窓疎石《むそうそせき》（一二七五―一三五一）を訪ねました。

関山は夢窓に、禅問答を挑みます。

「迦楼羅《かるら》が大空を舞うとき、天龍はどこにいるか？」

迦楼羅は仏典に出てくる空想の大鳥で、金翅鳥《こんじちょう》とも呼ばれます。口から火を吐き、龍を捕えて食うといいます。関山は自分を迦楼羅になぞらえ、天龍寺の夢窓を龍と見て、「さあ、おまえに死が迫って来たぞ。おまえはどうするか?」と問答をしかけたのです。

すると夢窓はすぐさま、

「おお、怖い、怖い」

と言いながら、屏風《びょうぶ》の後ろに隠れました。

夢窓のこの態度を見て、関山は彼に礼拝をしたと伝えられています。

怖いものを怖いと認識する。それが禅なんだと思います。

そこで、明治の俳人・歌人の正岡子規(一八六七―一九〇二)の言葉を引用します。彼は脊椎カリエスのため、三十歳になる前から死ぬまでほとんど病床にあったのですが、ある日、忽然《こつぜん》とその病床で気づいたのです。

余は今迄《まで》禅宗の所謂《いわゆる》悟りといふ事を誤解して居た。悟りといふ事は如何《いか》なる場合にも平気で死ぬる事かと思つて居たのは間違ひで、悟りといふ事は如何なる場合にも平気で生きて居る事であつた。

(『病牀六尺』)

ところが、シェイクスピアは『ジュリアス・シーザー』(中野好夫訳、岩波文庫)の中で、シーザーにこう語らせています。

シーザー　臆病者というのはな、死の前に幾度でも死ぬのだ。
ただ勇者だけは一度しか死の味を知らぬ。
天地の異変は俺もずいぶん聞いているが、
なんともわからんのは、人間、死を恐れるということ。
死、こればかりは人間誰しも免れえぬ必然の帰結、
考えてもみろ、来るときには必ず来るのだ。

人間、死ぬときは死ぬのだ。死ぬ前に、死を怖がってびくびくしている奴は臆病者だ。シェイクスピアはそう言っています。言われてみればその通りですが、「はい、分かりました。死を怖がりません」とはなりませんよね。

もう一人、ポーランドの小説家のシェンキエーヴィチ（一八四六―一九一六）が、

死のことは考えるに及ばない。死はわれわれが手を貸さなくともわれわれのことを考えてくれているのだから。

（『クオ・ワディス』木村彰一訳、岩波文庫）

と言っていますが、これも同じです。われわれはどうしても死を考えてしまいます。

死が存在するとき、われわれは存在しない

じつをいえば、「死」は観念であって、実体のないものです。実体としての「死」はどこにもありません。

一本の直線を引いて、その上に点を打ちます。その点が「死」であり、点の左側が「生」で、右側が「死後」になります。ユークリッド幾何学においては、点には位置だけがあって大きさはないとされていますから、つまり「死」には実体はないのです。

そうすると、古代ギリシアの哲学者のエピクロス（前三四一頃―前二七一頃）が言っているのが正しいのです。彼はこう言っています。

それゆえに、死は、もろもろの悪いもののうちで最も恐ろしいものとされているが、じつはわれわれにとって何ものでもないのである。なぜかといえば、われわれが存するかぎり、死は現に存せず、死が現に存するときには、もはやわれわれは存しないからである。そこで、死は、生きているものにも、すでに死んだものにも、かかわりがない。なぜなら、生きているもののところには、死は現に存しないのであり、他方、死んだものはもはや存しないからである。

（『エピクロス――教説と手紙』出隆・岩崎允胤訳、岩波文庫）

点＝「死」は位置だけを示す観念でしかありませんから、どこにも存在しないのです。そういう考え方がシェイクスピアになり、シェンキェーヴィチになるのですね。しかし、この考え方はあくまでも哲学的諦観でしかありません。そのような哲学的諦観を教わって、〈なあに、死ぬまでは死にゃあせん〉と割り切り、「死」を忘れることのできる人は幸福です。その人はそれでよいでしょう。

もっとも、幸福な人はあんがい「死」を忘れて生きることができます。だから哲学的諦観に立てるのです。とすると、哲学というものは幸福な人間がする学問かもしれません。われわれは哲学によって幸福になれるのではなく、幸福な人間が哲学できるのです。したがって、哲学を教わって幸福になれる人は、もともと幸福な人なんですね。

でもね、いくら幸福な人でも、いったん不幸が押し寄せて来ると——たとえばがんになったとすれば——、もはや哲学的諦観ではやってゆけなくなります。そのときが困るんです。では、どうすればよいのでしょうか？

「自分ですら自分のものではない」

わたしは、このことは前にも言いましたが、「生」＝命というものは仏からお預りしているものだと考えます。キリスト教徒であれば、ここに神を入れてください。そう考えるのが宗教者の考え方です。

そうすると、仏からお預りしている命を仏にお返しするのが「死」になります。

「わたしには子どもがいる、財産もある」と思いつつ、そのために人は悩み苦しむ。だが、自分ですら自分のものではない。どうして子どもや財産が自分のものであろうか。

（『ウダーナヴァルガ』一・20）

釈迦はそう言っています。「自分ですら自分のものではない」——ということは、われわれは自分の命を仏から預っているのです。死は、その命を仏にお返しするのです。そう考えると、少しは死の恐怖が軽減されます。少なくともわたし自身は、それでだいぶ楽になりました。

また、室町時代の禅僧の一休（一三九四—一四八一）はこう言っています。

借用申す昨月昨日
返却申す今月今日
借り置きし五つのもの四つかえし
本来空にいまぞもとづく

これは彼の辞世の句とされています。

〝借り置きし五つのもの〟とは、地《ち》・水《すい》・火《か》・風《ふう》・空《くう》です。このうちの地・水・火・風は〝四大《しだい》〟と呼ばれ、人間の身体を構成する四つの元素です。昔の人は、この四大の調和が崩れたときに病気になると考え、それを〝四大不調〟と言いました。

われわれは四大（身体）を仏から借りています。それを仏にお返しして、本来の「空」に戻る。それが死だ。一休はそう考えたのです。

古代ギリシアの哲学者のエピクテートス（五五頃―一三五頃）も、こう言っています（木原武一『幸福の探究』芸文社より引用）。


なにごとにも「私はそれを失った」などと断じて言うな。「お返し申した」と言え。子供が死んだって？　取り返されたのだ。妻が死んだ？　取り返されたのだ。

「地所を奪われました」

では、それも取り返されたのだ。

「しかし、奪った者は悪いやつです」

しかしだ、それを与えたもうた神が、なんぴとを通して取り返そうと、きみになんのかかわりがあるか。神がきみにそれを与えているかぎり、きみはそれを他人のものとして世話するがいい。あたかも旅人たちが宿をそうするように。

これはまったく釈迦の言葉と同じです。われわれは子どもも財産も、そして自分自身をも、すべて仏や神からお預りしているのです。仏や神がそれをいつ取り返されようとするのか、先方の判断・都合によります。われわれにはそれに文句を言う権利はありません。

だから、死ぬときには死にましょうよ。それ以外に方法はありません。でも、怖がりながら死んでいいのですよ。従容《しょうよう》として死なねばならぬ——なんて考えないでください。

美しさの基準が人によって違うのはなぜか？

美人の基準・美女の定義は、いろんな美の評価の中でも流行に支配されやすいものだ。日本などは、美人の基準がやや植民地化（？）して、欧米的な顔の方に点を甘くする傾向がある。女性の人類学者マーガレット＝ミードは、第二次性徴としての女らしさ・男らしさが、ある文化（カルチュア）と他の文化とでは正反対になることがあると言っている。女のオルガスムスの有無さえ、たぶんにその社会の文化の性質によるそうだ。

これは本多勝一著『カナダ＝エスキモー』（朝日新聞社）からの引用です。最近は〝エスキモー〟という語が「生肉を食べる人」の意で差別用語になるから、〝イヌイット〟と呼ぶべきだとされています。しかし、本多さんがこの本を書かれたのは一九六〇年代で、当時はみんなが〝エスキモー〟と呼んでいました。そこで本多さんの本を紹介するときには、わたしも〝エスキモー〃の語を使わせていただきます。不快に思われる人は、ここに〃イヌイット〃を代入してお読みください。

本多さんは、エスキモーがどういう女性を「美人」とするかを知るべく、三人のエスキモーに、

A　エスキモー美人。

B　日本の平均的な女性。まず十人並みよりやや上。

C　アメリカのファッション・モデル。ただし、南欧系の黒髪。

D　マリリン・モンロー。

の写真を見せました。すると上位三人の評価はまちまちでしたが、全員が最低としたのはマリリン・モンローだったそうです。エスキモーの三人とも、「こんなのは順位の列にも加えられない」と酷評した。本多さんは、エスキモーは「まだ植民地化されていない」と言っておられます。

「他者」の基準で見るように

「美人」の基準は、時代により、民族によって大きく変わります。平安時代の引目鉤鼻《ひきめかぎばな》の美人——当時の貴族の男女は、下ぶくれの顔、一線に引かれた眼、短い〃く〃の字形の鼻に描

かれました――は、現代では誰も美人に思わないでしょう。なお、言っておきますが、〝美人〟というのは「美男・美女」です。女性だけを〝美人〟と言っているのではありません。わたしは、女性だけについて美人だ／そうではないと品定めをするのはよくないと思います。このことはあとで述べます。

では、なぜ美人の基準が時代や民族によって変わるのか？　それは生活環境によると思います。本多勝一氏は「植民地化」と言っておられますが、アメリカ映画やテレビをさんざん見せられた日本人は、アメリカ人が美女と見る女性を「美女」と見るようになります。韓流ドラマが流行《はや》れば、韓国のタレントが美しく見えるようになります。そうすると、日本人についてもその基準で「美女」と見るようになります。

もっとも、民族や時代によって「美人」の基準は違いますが、同時に個人差のあることを忘れてはなりません。それこそ「蓼食《たで》う虫も好き好き」です。だからこそ、みんなが配偶者を見つけられるのです……と言いかけましたが、これは取り消しにします。なぜなら、こんなジョークがあるからです。

本当か嘘か知りませんが、アインシュタイン博士がグラマラスな美女の女優から、「結婚しましょうよ。先生の頭脳と、わたしの美しい肉体を持った子どもが生まれると、素敵ですわね」と結婚を申し込まれました。すると博士が言いました。

「いや、よしておきましょう。わたしの貧弱な肉体と、あなたの頭脳を持った子どもが生まれると大変ですから」

誰もが美男・美女だけを条件に結婚を考えているわけではありませんよね。

「品定め」は人を裁く行為

イエスは次のように言っています。

「人を裁くな。そうすれば、あなたがたも裁かれることがない。人を罪人だと決めるな。そうすれば、あなたがたも罪人だと決められることがない。赦しなさい。そうすれば、あなたがたも赦される。与えなさい。そうすれば、あなたがたにも与えられる」

(「ルカによる福音書」6)

これを読んで、イエスは裁判制度を否定していると早合点をしないでください。司法機関による裁判は、古い時代からどこの国にもありました。しかし、そこには裁判官と検察官と弁護人がいます。古代においては裁判官と検察官が同じで、弁護人がいない場合もありました。しかし、裁判官が被告の弁明・弁護を聞くことになっています。イエスは、そのような司法機関による裁判を否定しているのではありません。

イエスが「人を裁くな」と言うのは、本人の弁明を聞かず、また本人が「わたしを裁いてくれ」と申し出ていないにもかかわらず、こちらが勝手にその人をあれこれ断定することをしてはいけないと言っているのです。いわゆる陰口・中傷・誹謗《ひぼう》・悪口がそれです。

これは、酒場において男性がよくやる、女子社員の品定めが該当します。でも、世の中には「美人コンクール」があるではないか、と言われるかもしれませんが、あれは、「わたしを品定めしてほしい」と応募した女性を評定するのです。そして賞金・賞品が出ることが多い。応募もしていない女性を勝手に品定めすることは、イエスが言う「人を裁く」行為です。絶対にしてはならないのです。そんなところで、「美女の基準」云々《うんぬん》はやめてください。

そしてこれは、美女の品定めだけではありません。男性であれ女性であれ、そもそも「あの人は悪い人だ」と、勝手に他人を欠席裁判にかけるのがいけないことです。わたしたちが他人の陰口・悪口を言うのも、人を裁いていることになります。

「だが、おまえはずいぶん自民党の政治家の悪口を書いているではないか?!」と捩《ね》じ込まれそうですが、政治家に対する悪口、権力者に対する悪口は、いくら言ってもいいのです。彼らはみずから「わたしを裁いてください」と申し出た人間だからです。わたしたちが選挙において一票を投ずる行為が、まさに彼らに審判を下すことです。大いに政治家を裁いてやりましょう。

しかし、わたしたち庶民のあいだでは、人を裁くことはやめましょう。

――むやみに他人を品定めしない――

それが庶民のルールだと思います。あたたかく他人を見ることが大事です。

「一休咄《ばなし》」にこんなのがあります。

一休が曲がりくねった松を見て、村人たちに出題しました。「この曲がりくねった松を、まっすぐに見よ！」と。

大勢の村人が、あちこちに移動して松を眺めます。でも、どこから見ても、その松は曲がっています。そのうちに一人の村人がたまりかねて言います。

「いやあ、この松、どこから見ても曲がりくねっているわい」

「そうだ！　おまえがこの松をまっすぐに見た！　偉いぞ」

そのように一休はその村人を褒めました。

曲がりくねっているものは、そのままでまっすぐなんです。

わたしたちは、人をまっすぐに見る必要があります。この「一休咄」、わたしの好きな逸話です。

幸せになるために何でもすべきか？

「おやめなさい」

わたしはそう忠告したいですね。あなたが幸せになるために何かをして、それであなたは幸せになれません。むしろあなたは不幸になります。だから、幸せになるために何もしてはいけません。それがわたしからの忠告です。

もうこのことは、本書においてあちこちで書いてきたことです。したがってこれから書くことは、大部分が蒸し返しになりそうですが、復習の意味で述べておきます。

そもそも幸せになりたいというのが欲望なんです。あなたが〈幸福になりたい〉と思ったことは、〈自分は、いま不幸なんだ〉と自己認識していることになります。しかし、あなたはいまあるがままで十分に幸福ではないですか。あなたの自己認識がまちがっている可能性が大です。

たとえば、うつ病になったカメラマンがいました。彼は一生懸命に治療をします。うつ病の治療はかなりつらいものです。それに耐えて、彼は見事にうつ病を治しました。

ところが、治ったとたんに、彼の撮った写真が売れなくなってしまった。

それまで彼はうつ病だったからこそ、おもしろい写真が撮れていたのでしょう。普通の人には考えつかないようなアングルで写真を撮り、それが評価されていた。だが、病気が治ってただの人になると、たぶんありきたりな写真しか撮れなくなったのだと思います。だから売れなくなったのです。

「もう一度、うつ病になりたい」と、そのカメラマンは苦笑いしながら言っていましたが、ともかく病気を治療して、それで幸福になれるかどうかは分かりません。じゃあ、病気のままでいいのか?! そう訊問《じんもん》されると、わたしも返答に苦しみますが……。

〝にせもの〟になる必要はない

詩人であり、書家でもあった相田みつを（一九二四—九一）に、こんな詩があります。

トマトがねえ
トマトのままでいれば

ほんものなんだよ
トマトをメロンに
みせようとするから
にせものになるんだよ
みんなそれぞれに
ほんものなのに
骨を折って
にせものになりたがる

あなたはあなたのままでいいのです。無理して別人——相田みつをは、それを〝にせもの〟と呼んでいますが、そこまで言う必要はないでしょう——になろうとしないほうがよさそうです。トマトはトマトのままでいいのです。

あなたは幸福になろうとして、別人である金持ちになろうとしてはいけません。貧乏人のあなたは、貧乏なままで十分幸せなんですよ。もしもいま現在が幸せでないとしても、あなたは貧乏なままで幸せになれます。貧乏なままで幸せになってください。

あなたが金持ちになろうと努力すれば、そのためにあなたはしみったれになり、会社の仲間から嫌われます。立身出世をするために、同僚や部下の悪口を言うようになります。そして残業につぐ残業で過労になり、病気になる危険もあります。それに、確実に家庭崩壊を招きます。

ある人が会社でそれなりに昇進し、めでたく退職を迎えることになりました。かなりの額の退職金が得られました。

〈さあ、これからは妻と温泉旅行を楽しみながら、老後をゆったりと暮らそう〉

彼はそう考えていたのですが、退職の日、妻から言われたのは、「退職金の半分を慰謝料に貰って、離婚したい」でした。夫は老後の幸福を目指して一生懸命、それこそ牛馬のように働いてきたのですが、妻にすれば四十数年の牛馬のような生活がたまらなくいやだったのです。われわれは「幸福」を目標に努力しますが、「幸福」は決してゴールではありません。「幸福」のために不幸に生きるのは馬鹿げています。生きている毎日が幸せでなければなりません。

江戸の小噺にこんなのがあります。

若者が昼寝をしています。そこに大家がやって来て、若者に説教します。

「若いうちは二度ないのだ。いい若者が昼寝をしているなんて、けしからん。さあ、起きて働け、働け！」

「ですが、大家さん。働いてどうなるんですか？」

「働けば、分かりきったことよ、お金がたまる」

「お金がたまると、どうなるんですか……?」

「そうすりゃ、おまえさん、自分のお店《たな》が持てるようになる」

「自分のお店が持てると、何かいいことがあるんですか?」

「あたりまえだ。自分のお店を持つと、やがて番頭さんを置いて、すべてを番頭さんにまかせて、自分はゆっくり昼寝をしていられる身分になる。いいことだと思わんか?!」

すると若者は言いました。

「ですがね、大家さん、あっしはいま、その昼寝をしていたのですよ」

「幸福」とは未来でなく現在にあるもの

多くの人は、幸福というものを、将来に利益を得ることだと考えています。だが、そうではありません。幸福は現在にあるのです。わたしは、

――「現在の幸福」と「未来の利益」――

を対比させるとよいと思います。母親がわが子を有名進学校に入れ、一流大学に入学させ、一流企業に就職させようとするのも、ただわが子の「将来の利益」だけを考えていることになります。子どもが本当に欲しいのは、「現在の幸福」です。もしも、将来に一流大学に入るために灰色の受験生活を送っていて、その子が高校二年生で病死したら、彼は一生不幸で

あったことになります。それでいいのですか?

幸福というものは、現在にあります。

したがって、幸福を得るために現在を犠牲にすることは馬鹿げています。

わたしたちは、幸福を得るために「何か」をしてはいけないのです。

いま現在を、幸福に生きる――。それがすべてです。

では、どうすれば現在を幸せに生きられるでしょうか?

技術的な方法にはいろいろあります。たとえば、フランスの哲学者のアラン(一八六八―一九五一)が推奨する、

――微笑せよ!――

という方法も、なかなかおもしろいですよ。

小雨が降っているとする。あなたは表に出たら、傘《かさ》をひろげる。それでじゅうぶんだ。「またいやな雨だ!」などと言ったところで、なんの役に立とう。雨のしずくも、雲も、風も、どうなるわけでもない。「ああ、結構なおしめりだ」と、なぜ言わないのか。(………)

人間のことも雨同様に見なすがいい。それは容易なことではない、とあなたは言うかもしれない。ところが、容易なのだ。雨に対してよりもずっと容易なのだ。なぜなら、あなたが微笑したところで雨に対してなんということもないが、人々に対しては大いに役立つ

からだ。そして、たんに微笑のまねをしただけでも、もう人々の悲しみや悩みを少なくする。

（アラン『幸福論』白井健三郎訳、集英社文庫）

しかし、そういう技術論――それは読者がいろいろと工夫してください――よりも、もっと根本的な問題は、あなたが、

――わたしは、いま現在、幸福なんだ――

と思うことです。あなたがいかなる状況にあろうと、あなたはそこそこ幸福なんです。かりに病気になっても、病人として微笑しながら生きることができます。それが幸福なんです。

ユダヤ人がよく口にする言葉に、

――イヒエ・トーブ――

があります。これは「そのうち、よくなるさ」といった意味です。あなたがいま最低の状態にあっても、そのうちよくなります。いま良好な状態にあっても、そのうちもっとよくなります。そう信じて生きる。それが幸福なんです。

だからあなたはそのまま幸せに生きればいいのです。幸せになるために努力する必要はありません。努力すれば、きっと不幸になりますよ。わたしはそう思いますね。

子どもを残さない人生に意味はありますか？

日本の合計特殊出生率は、二〇〇五年の一・二六を最低に、以後少し上向きに転じています。合計特殊出生率とは、十五歳から四十九歳までの女性の年齢別出生率を合計したものです。これについては、「一人の女性が一生のあいだに産む子どもの数」といった説明もなされています。正確にいえばちょっと違いますが、まあだいたいそれでよいでしょう。

一人の女性が産む子どもの数といいますが、男性がいなければ女性も子どもを産めません。男女の数が半々だとして、一組の男女が一人の子どもを産んだのでは、人口は半分になります。一組の男女が二人産んで、人口は横這いです。ですから、合計特殊出生率が二・〇で横這い。正確には二・〇ではダメで、もう少し上でなければならないそうですが、ともかく二・〇以上でなければ人口は減少します。二〇〇五年の一・二六では人口の減少が起きるのは確実で、その後上向きになったとはいえ、二〇一四年には一・四二ですから、人口の増加は見込めません。日本の先行きは真っ暗です。

いや、ちょっと待ってください。いまわたしは〝先行き真っ暗〟と書きましたが、いったい誰にとって真っ暗なんでしょうか。それは、日本の経済界にとってです。そして経済界から多額の献金を得ている政治家が、「困った、困った」と言っています。

では、なぜ経済界は人口の減少を憂えるのか？　それは安価な労働力が得られなくなるからです。

それ故、あなたが、「子どもを残すことが大事な仕事である」と考えているなら、政界と財界が結託して少子化対策に取り組んでいる、その対策の一環に取り込まれ、踊らされていることになります。おめでたい人ですよね、あなたは……。

貧乏人は国家に子どもを兵士として寄付した

ちょっと戦争中の日本を考えてください。あのころは兵士にする人間が必要で、国家は出産を奨励しました。しかし、いくら子どもを産んでも、国家はその子どもを戦場に送り、戦死させるのです。そして戦死した子どもを英霊として祀ってくれる。英霊にするために、あなたは子どもを産みたいのですか？

しかし、現在の日本では、まあ戦死はないでしょう。もっとも安倍首相がいるかぎり、日本が戦争に巻き込まれる危険は大きいですが……。だが、国家は産業兵士を必要としています。その意味で「兵士」はなくなっていません。

〝プロレタリアート〞という言葉があります。「肉体労働者」です。村上陽一郎氏によると（『あらためて教養とは』新潮文庫）、この言葉の語源はギリシア語の〝プロレー〞で、「男の子」という意味だそうです。

（……）「プロレタリアート」という言葉があるでしょう。今では「労働者階級」の意味ですが、もともとギリシア語源で「プロレー」（ラテン語に転化すると〈proles〉というそうですが、子供、それも男の子という意味なんですよ。それで、これはある意味で残酷なんですが、国家に対する市民の義務を果たすときに、国家に対して自分の子供を寄付できる人、そういう意味であったようです。つまりお金がないから、船なんてとても造れないし、寄付もできない。そうすると自分の子供を兵士として国に捧げることしかできない、そういう階級の人のことです。それが「プロレタリアート」という言葉になって残ったのでしょうか。

この兵士は、まさに現代において産業兵士ですね。

わたしは、現在の日本の少子化傾向を、安い賃金と苛酷な労働条件の下で、産業兵士をまるで奴隷のように働かせる日本の産業界に対する、市民のレジスタンス（抵抗運動）と見ています。われわれ日本の庶民は暴力的な革命運動はできませんが、合計特殊出生率を下げるという形でのレジスタンスはできます。ぜひともこのレジスタンスを成功させて、労働者がもっと住みよい日本をつくりましょう。

でも、少子化が続けば、いずれ日本人が地球からいなくなるのではないか……と憂える人がいます。その人は、日本人というものをどう考えているのですか？　日本に住む人が日本人でしょう。大丈夫、日本の先住民（つまりわれわれ）が少なくなれば、日本に海外から移民が来ます。彼らが日本人です。日本人がゼロになる心配はありません。どうか安心なさってください。

神仏の目で子どもを見ると

ユダヤ教には、生まれたばかりの子を会堂（シナゴーグ）に連れて行って、そこでいったんその子を神にお返しします。そのあと両親がお金を払って、その子を自分たちに育てさせてくださいと、その子を買い戻す制度があります。もっとも、ユダヤ教の学者に訊くと、すべての子にそうするのではなく、生まれた子が長子で、しかも男の子にかぎるそうです。でも、わたしは、すべての子どもにそうしてほしいですね。

前にも言いましたが、子どもは親の所有物ではなく、神や仏のものです。ユダヤ教にかぎらずキリスト教や仏教においてもそうであって、われわれ親は子どもを、

――お預りしている――

だけと考えるべきです。だから、神仏がこの子をどのように育ててほしいと願っておられるか、絶えずそのことを考えながら子育てをせねばなりません。

たとえば、生まれながらに目の不自由な子もいます。きっと神仏は、

「この子は目が見えないのだよ。あなたがた両親は、目が見えないままでこの子を幸せにしてやってくれ」

と願っておられると思います。にもかかわらず両親が、〈この子の目が見えるようになればよいのに……〉と思うことは、その子にとっていかに残酷か。そういう子育てはしてはいけません。

いや、それよりも、子どもを産みたくても、いろんな事情で産めない人もいます。子どもを産めない人には、きっと仏や神は、

「あなたがたには子どもを預けることはしない。あなたがたは自分の子どもを持つよりも、世の中にいる子どもたち全体の幸福を考えてやってくれ」

と願っておられるかもしれません。あるいは、両親を失った子もいます。そういう孤児を養子縁組によって育ててほしいと願っておられるかもしれない。神仏の願いをどのように解

釈するかは、その人の解釈です。しかし、自分の子どもを持つ――所有する――ことだけがすべてではありません。

*

子どもを残すことが人生の意味だと考えておられる人にお訊きします。
あなたは、大勢の人間を殺す、そういう殺人犯の子をこの世に送り出したいのですか？
あなたは、他人をいじめる、そんないじめっ子をこの世に残したいのですか？
子どもといっても、いろんな子がいます。そのことをお忘れなく。

公と私――自分の気持ちと他人の意見、どちらを優先すべきでしょうか？

そんなの、自分の気持ちを優先させればよいに決まっているではありませんか。人の意見なんて、どうだっていいのです。

わたしは昔、同行講師として、参加者を募ってインドや中国に旅行しました。たとえば上海に行って、ホテルで初日の夕食を終えたのが午後八時。初日だから疲れて部屋で休みたい人もいるはずです。また、ちょっと夜の街を散策したい人もいます。そこでわたしが、「街に出たい人は挙手してください。わたしが案内しますから」と言います。だが、誰も手を挙げません。「じゃあ、みんなは街に出たくないのですね」と言えば、ほとんどの人が、

「みんなが行くようであれば、わたしも行きます」

と答えます。要するに主体性がないのです。自分の気持ちを優先させればよいのですが、その自分の気持ちが他人の意見によって変わるのだから、処置なしです。

これは、レストランに入っても同じです。数人がメニューを見ながら、「あなた何にする?」「わたしはオムレツがいいわ」「じゃあ、わたしも付き合うわ」とやっています。自分が食べたいものを食べればいいのです。何も人と相談する必要はありませんよ。

そういえば、インドのレストランで、ヒンドゥー教徒が豚肉を、イスラム教徒が牛肉を向かい合って食べている場面を見ました。もちろん豚肉と牛肉を調理するキッチンがそれぞれあるような、高級レストランでのことですが。それを教えてくれた、ガイドのインド人に、

「うわぁー、残酷だなあ……」

とわたしが言いました。なぜなら、ヒンドゥー教徒は牛を聖なる動物としているから、絶対に牛肉を食べません。イスラム教徒は、『コーラン』が豚肉を禁じていますから、死んでも食べません。それを二人が、面と向き合って相手の食べられないものを食べているのです。それでわたしは、それを「残酷」と言ったのです。

ところがガイドのインド人は、怪訝《けげん》な顔をしてこう言いました。

「どうして残酷ですか?!　牛肉はヒンドゥー教徒の胃袋に入りません。豚肉もイスラム教徒の胃袋に入らない。だから、他人が何を食べようとかまいませんよ」

たしかに、それはその通りです。でも、日本人の食事風景では、まずは見られないですよね。

「公」を優先するのは国の仕事

自分の気持ちと他人の意見とでは、以上の通りです。ですが、「公」と「私」というのは、それとは違います。「公」が他人の意見で、「私」がわたしの気持ちではありません。「公」というのはパブリックな原理で、「私」はプライベートな原理です。この二つの原理は、しばしば衝突します。「公」と「私」が衝突したとき、わたしたちはいずれを優先させるべきか? それが大問題です。以下、それについて論じます。

「公」と「私」が衝突したとき、ほとんどの日本人が「公」を優先させようとするでしょう。それが、

——滅私奉公（私心を捨てて公のために尽くすこと）——

で、わたしたちはそういう教育を受けてきました。

馬鹿げたことです。わたしはそのような「滅私奉公」は馬鹿げていると思います。

その点に関しては、『論語』が参考になるでしょう。

葉公《しょうこう》、孔子に語りて曰く、吾が党《とう》に直躬《ちょくきゅう》なる者あり。其《そ》の父、羊を攘《ぬす》みて、子《こ》、之《これ》を証せり。孔子《こうし》曰《いわ》く、吾が党の直《なお》き者は是《これ》に異なり。父は子の為《ため》に隠し、子は父の為に隠す。直きこと其の中《うち》に在り。

（子路18）

葉公というのは、いまの河南省葉県《しょう》の地方長官です。その葉公が孔子と面談して言います。

「わが党（村）には、正直で評判の躬《きゅう》という男がいます。彼の父がよその羊を盗んだとき、子である彼がそれを告発しました」

それを聞いて、孔子は答えています。

「わたしどもの村の正直者は、それとはだいぶ違っています。父は子どものために隠し、子どもは父のために隠します。その隠すことのうちに正直さがあるのですよ」

ここに「公」に対する「私」の優先の論理があります。親が悪いことをすれば、それを隠すのが子どもとして当然です。子が悪いことをしたら、親は子どもを匿《かくま》うのです。それが人間としてあたりまえです。

ところが日本人は、ここに「公」を持ち出します。そんなことをすれば、社会の秩序が崩れてしまう、と。

社会の秩序を守らないといけないのは、政治家や国家公務員、官憲の仕事です。われわれは高い税金を払って、彼らを雇っているのです。われわれがそれに協力する必要はありません。そりゃあ、協力できるときは、ちょっとぐらいは協力してもよいでしょうが、「公」と「私」が対立状態になったときは、われわれは「私」だけを考えてよい。「公」のことなんか考えなくていいのです。

だからわたしはJ・F・ケネディ（一九一七―六三）が大嫌いです。彼はアメリカ合衆国第三十五代の大統領ですが、その大統領の就任演説で、

国があなたに何をしてくれるのかを問うのではなく、あなたが国のために何を為すことができるのかを問うてほしい。

と語りました。これはアメリカ版「滅私奉公」の精神訓話です。アメリカ国民は税金を払っているのですよ。それ以上に国家に対する義務はありません。国家は税金に対する反対給付として、国民にサービスする義務があります。その反対給付を求めるのは、当然ではないですか。だからケネディはけしからん奴です。

これからの日本人の生き方

また「公」は国家ばかりではありません。小さなところでは、われわれが勤める会社も「公」に属します。そしてわれわれが、会社（公）よりも各自の家庭（私）を優先するのは当然です。

昔、プロ野球の阪神タイガースにランディ・バース選手がいました。タイガースの歴史で

五指のうちに入る強打者です。一九八八年、そのバース選手が息子の病気でアメリカに帰り、なかなか来日しません。球団は早く日本に戻って来いと矢の催促。結局はそれがトラブルになってバースは引退しました。日本人は選手に、球団のことを優先的に考えるように要求しますが、それは外国人には通じません。息子が病気だから、親が一日でも長く息子のそばにいてやりたいのが人情です。球団への義理（公）よりも人情（私）が優先するのが、バース選手の考え方であり、孔子の考えです。

だが、高倉健の歌うのは違います。

義理と人情を　秤《はかり》にかけりゃ
義理が重たい　男の世界
（「唐獅子牡丹《からじしぼたん》」水城一狼・矢野亮共作詞　水城一狼作曲）

馬鹿ですねえ、日本人は。会社なんてどうだっていい……と言えば叱られるかもしれませんが、会社は二の次です。あなたはあなたの幸福を大事にしましょう。

――「公」よりも「私」を――

わたしは、それがこれからの日本人の生き方だと信じています。

ひろさちや

一九三六年、大阪府生まれ。東京大学文学部印度哲学科卒、同大学院博士課程を修了。気象大学校教授を経て、大正大学客員教授。「仏教原理主義者」を名乗り、本来の仏教を伝えるべく執筆、講演を中心に活動している。ペンネームの「ひろさちや」は、ギリシア語の「愛する＝フィロ」と、サンスクリット語の「真理＝サティヤ」から。『「狂い」のすすめ』(集英社新書)、『終活なんておやめなさい』(青春新書プレイブックス)など著書多数。

知のトレッキング叢書

人《じん》生《せい》の超《ちょう》難《なん》問《もん》 Q&A

二〇一六年五月三一日 第一刷発行

著者 ひろさちや
発行者 館孝太郎
発行所 株式会社集英社インターナショナル
〒一〇一-〇〇六四 東京都千代田区猿楽町一-五-一八
電話〇三-五二一一-二六三〇
発売所 株式会社集英社
〒一〇一-八〇五〇 東京都千代田区一ツ橋二-五-一〇
電話 読者係 〇三-三二三〇-六〇八〇
販売部 〇三-三二三〇-六三九三(書店専用)
印刷所 大日本印刷株式会社
製本所 ナショナル製本協同組合

©2016 Hiro Sachiya Printed in Japan ISBN978-4-7976-7323-4 C0036